Arena-Taschenbuch
Band 2721

Michail Krausnick,
geb. 1943 in Berlin, lebt als freier Autor bei Heidelberg. Er verfasst Romane für Kinder und Erwachsene, Theaterstücke, Film- und Fernsehdrehbücher und historische Sachbücher. Seine Werke wurden nominiert für den Gustav Heinemann-Friedenspreis und den Adolf Grimme-Preis; ausgezeichnet wurde er unter anderem mit dem Deutschen Jugendliteraturpreis und dem CIVIS-Fernsehpreis der ARD (Buch und Regie) für den Dokumentarfilm »Auf Wiedersehen im Himmel«. Krausnick ist Mitglied der Autorenvereinigung DIE KOGGE, des P.E.N. und des VS.
Www.krausnick-web.de

»... ein leises, stilles Buch. Unaufgeregt wird gezeigt, wie Wissenschaft, Polizei und Behörden einer reibungslosen Vernichtungsmaschinerie zuarbeiteten. Wie Kinder von ihren Eltern getrennt und belogen wurden. Wie Kirche und Klerus nicht immer die rühmlichste Rolle spielten, wenn es um den Schutz geborenen Lebens ging«.
DIE ZEIT

»Die atmosphärische Dichte und die gekonnte Darstellung zeitgeschichtlicher Zusammenhänge sind fesselnd und beinhalten eine deutliche politische Botschaft.«
LANDESZENTRALE FÜR POLITISCHE BILDUNG

»... hervorragend, zumal ja immer noch ein eklatanter Aufklärungsbedarf zu unserer Geschichte besteht.«
VERBAND DEUTSCHER SINTI UND ROMA

MICHAIL KRAUSNICK

Auf Wiedersehen im Himmel

Die Geschichte der Angela Reinhardt

Arena

Informationen zu Unterrichtsmaterialien
unter www.arena-verlag.de

FSC
www.fsc.org
MIX
Papier aus verantwortungsvollen Quellen
FSC® C110508

4. Auflage als Arena-Taschenbuch 2015

Erstmals erschienen 2001 bei
ELEFANTEN PRESS/ C. Bertelsmann
Umschlagfoto: © Michail Krausnick
Umschlagtypografie: knaus. büro für konzeptionelle und visuelle identitäten, Würzburg
Gesamtherstellung: Westermann Druck Zwickau GmbH
ISSN 0518-4002
ISBN 978-3-401-02721-0

www.arena-verlag.de

Für Amandus, Martin, Rudolf, Friedrich, Ferdinand, Maria, Sofie, Wilhelm, Rosa, Johann, Elise, Anton, Franz, Olga, Johanna, Anton, Josef, Thomas, Sonja, Otto, Elisabeth, Karl, Martha, Klara, Ottilie, Adolf, Patrizka, Johanna, Anton, Scholastika, Karl, Josef, Rosina, Rudi, Maria, Siegfried, Luana.

Inhalt

Alles stehn und liegen lassen!«, rief mein Vater und schwang mich huckepack auf seine Schultern. Ich krallte mich an seinem Schopf fest und er nahm, was er nur greifen konnte. Einen Korb, zwei Decken und seine Messer.

Die Mama nahm ein paar Kleider, den Topf und die Milchkanne. So flüchteten wir in die Wälder.

In Burladingen, dem Wohnort meines Vaters, war das. Unser Pferd, den Wagen, die Einrichtung und die Körbe – alles, was wir besaßen, mussten wir stehen und liegen lassen. Von dem Tag an waren wir nur noch auf der Flucht.

Viele Sinti hielten sich damals auf der Schwäbischen Alb versteckt. Auch wir: mein Vater, meine Mutter und ich.

Angela in den Wäldern

»Alles stehn und liegen lassen!«, rief Angelas Vater. Damals war Angela fünf Jahre alt. Ihr Vater war vierundzwanzig, die Mutter neunundzwanzig. »Mama« und »Dada« sagte sie zu ihnen.

Franz Reinhardt und Appolonia Krämer waren nicht verheiratet. Seit die Nazis in Deutschland die Macht ergriffen hatten, war das Leben für die Sinti von Jahr zu Jahr gefährlicher geworden. Ausgrenzung und Entrechtung, Drangsalierungen und Schikanen waren nur der Anfang. Willkürliche Verhaftungen und die Verschleppung in Konzentrationslager gehörten immer mehr zum Alltag. Und daher war es mittlerweile viel zu riskant, zum Standesbeamten oder zum Pfarrer zu gehen. Aber nach dem Gesetz ihrer Herzen waren Franz und Appolonia Mann und Frau. Und der Herrgott hatte bestimmt nichts dagegen.

Neue Verfolgungsmaßnahmen waren auch der Grund für ihre plötzliche Flucht in die Wälder. Die Nationalsozialisten nannten es den »Festschreibungserlass«. Von einem Tag auf den anderen durften die Frauen und Männer ihre Berufe nicht mehr ausüben. Sobald sie ihren Wohnort verließen, wurden sie von der Polizei verhaftet. Die meisten Familien aber waren auf das Reisen angewiesen. Viele waren Kaufleute, Handwerker und Musiker. Und es gab Geigenbauer, Kunstmaler, Korbflechter, Uhrmacher und Kesselflicker unter ihnen.

Jetzt saßen sie fest und konnten mit ihren Waren nichts mehr verdienen. Auch die Künstler durften nicht mehr zu ihrem Publikum fahren. Zum Beispiel die Schaubudenbesitzer und Zirkusleute, denen Angela immer so gern zugeschaut hatte: die Familie mit dem Kasperletheater, der kräftige Kettensprenger, die kleine Seiltänzerin, der geheimnisvolle Zauberer. Und auch Onkel Joscha, dem ein kunterbuntes Karussell mit einer Orgel und vielen weißen Pferden gehörte. Sie alle waren auf dem Platz in den Wiesen festgesetzt und wussten nicht mehr, wie sie sich und ihre Familien ernähren sollten.

Auch für Angela war der 17. Oktober 1939 ein schicksalhafter Tag. Die Nazis hatten diesen Tag als Stichtag festgesetzt. Alle »Zigeuner« sollten sich an dem Ort, an dem sie gerade waren, bei der Polizei melden. Demjenigen, der sich weigerte, drohten Konzentrationslager und Sterilisation.

Dann kamen die Nazipolizisten und nahmen mit, wen sie gebrauchen konnten. Alle, die jung und kräftig waren, wurden zum Bau von Straßen und Flugplätzen abtransportiert, in Rüstungsfabriken, Steinbrüche und Konzentrationslager verschleppt. Die Familien wurden auseinander gerissen, Männer von ihren Frauen getrennt, junge Mütter von ihren Babys. Kinder, Alte und Kranke blieben zurück.

Angelas Vater hatte das vorausgesehen und den anderen Sinti gesagt, dass er das nicht dulde, dass er so etwas nicht mit sich machen lasse. Und dass er sein Kind und seine Frau niemals verlassen werde.

Er meldete sich nicht.

Franz Reinhardt verweigerte den Stichtag. Und deshalb musste er wenig später Hals über Kopf seine Eltern verlassen und aus Burladingen, seinem Heimatort, fliehen. Gemeinsam mit Appolonia, seiner Frau, und Angela, seiner kleinen Tochter. Ihre einzige Habe war das, was sie am Leibe trugen, und das Wenige, was sie auf die Schnelle mit den Händen greifen konnten.

Meist waren sie allein unterwegs. Franz Reinhardt suchte die tiefsten Wälder, um seine kleine Familie vor den Nazis zu verstecken. Der Wald war ihr Schutz. Um die großen Straßen machten sie vorsichtshalber einen weiten Bogen. Sie gingen auf sicheren Wegen, im Wald, am Waldrain, durch die Felder. Manchmal auch des Nachts.

Schuhe brauchte Angela nicht, auch keine Strümpfe. Im Sommer lief sie barfuß und im Winter band ihr die Mama alte Flickenreste um die Zehen, dass sie nicht abfroren.

An den Wegkreuzungen achteten sie auf geknickte Zweige unter den Steinen und ausgerissene Grasbüschel. Das waren ihre geheimen Wegweiser.

Wenn es Abend wurde baute Angelas Vater ein kleines Zelt. Eigentlich war es nur eine große Decke, die er über eine Wäscheleine spannte. Darunter bereitete er seiner Tochter ein Bett aus Tannenzweigen, wickelte sie in die zweite Decke und machte ein Feuer, um sie zu wärmen. Wenn es aber ganz kalt war, schliefen sie auf der Glut des ausgebrannten Feuers.

Franz Reinhardt war Korbmacher. »Der beste Korbflechter weit und breit«, sagte Appolonia Krämer, wenn sie mit Angela an der Hand zu den entlegenen Gehöften der Alb wanderte. Dort gab es christliche Bauern, die einen Korb brauchten und dafür ein wenig Wolle, Mehl, Eier oder Milch gaben. Einige kannte Appolonia noch aus den besseren Zeiten. »Gute Kunden!«, sagte sie stolz. Angela machte dann immer besonders armselige Augen, um die Herzen der Bauersfrauen zu rühren.

Die Angst, verraten zu werden, war ihr ständiger Begleiter. Schon lange, seit die Nazis Rassengesetze gegen Juden und »Zigeuner« gemacht hatten, waren sie rechtlos und vogelfrei. Der Krieg aber hatte alles noch verschärft und die Armut auf der rauen Alb vergrößert. Und viele Herzen verschlossen.

Doch von irgendetwas mussten sie ja leben. Und so riskierten sie es immer wieder, zu den Bauern zu gehen. Bei den armen freilich war mehr zu holen als bei reichen, denn die armen Bauern hatten zumindest ein wenig Mitleid. Manchmal erhandelten sie sich etwas Stoff, abgelegte Kleider oder eine alte Decke. Und einmal fanden sie auf einem Müllplatz sogar einen kaputten, alten Handwagen, den sie notdürftig reparierten. Er wurde ihr kostbarster Besitz, den sie sorgsam im Unterholz oder in Höhlen versteckten. Und nur in den tiefsten Wäldern, in der Einöde, auf den langen Wanderungen über die Alb oder wenn sie wieder mal Hals über Kopf weiterfliehen mussten, durfte der kleine Leiterwagen mitgezogen werden.

Wenn Appolonia und Angela »auf Geschäft« gingen, blieb ihr Vater im Wald, sammelte Holz oder stellte Fallen. Doch nur selten fing er einen Hasen oder Igel. Dann hatten sie einen Braten. Bevor er das Feuer mit Steinen zündete, suchte er Holzarten aus, die keinen großen Rauch machten, um sich nicht den Förstern und Waldhütern zu verraten.

Das Flechten der Weidenruten war keine leichte Arbeit. Bei einem Eisenbahnunfall hatte Franz Reinhardt den linken Arm verloren. Ein Waggon hatte ihn überrollt. Mit dem rechten Arm aber konnte er Dinge tun, die manche nicht einmal mit zweien zu Stande bringen: Weidenruten schneiden, Körbe, Kiepen und sogar kleine Truhen flechten. Er nahm dabei die Füße, die Zähne und seinen Armstumpf zu Hilfe. Doch er konnte noch viel mehr: einarmig Fische aus dem Wildbach fangen, einarmig schwimmen, einarmig Mundharmonika spielen und einarmig seine Tochter mit Schwung auf die Schultern heben, wenn sie nicht mehr laufen mochte. Angela bewunderte seine Geschicklichkeit und war stolz auf ihn. Er war jung, schön und stark. Kein anderes Kind hatte einen einarmigen Vater.

Zum Geburtstag hat er ihr sogar ein kleines Segelboot geschnitzt. Sie konnte es auf den Pfützen am Wegrand segeln lassen. Den Wind machte sie mit ihrer eigenen Puste. Dann ging es ab in die Südsee, zu den Palmen. Oder nach Amerika. »Da gibt es keine Nazis«, sagte ihr Vater.

Das kleine Boot war Angelas erstes Spielzeug. Puppen, Teddybären, Bälle oder Brummkreisel lernte sie erst sehr viel später kennen. Doch der Wald lieferte ihr ja ständig etwas Neues zum Spielen: geheimnisvolle Steine, bunte Ahornblätter, Tannenzapfen, Kastanien oder Eichelpfeifen.

In den Wäldern gab es aber auch Stellen, vor denen andere Sinti sie gewarnt hatten, an denen sie nicht übernachten durften. Meistens waren es besonders schöne Plätze. Aber wenn da ein Kind begraben war oder eine alte Frau, dann fürchteten sie sich vor dem Mulo, dem Geist der Toten.

Auf der Flucht waren viele Menschen vor Hunger und Kälte auf der Strecke geblieben. Ihre Toten mussten die Sinti heimlich im Wald vergraben, weil die Totengräber oder die Pfarrer es der Polizei hätten melden müssen.

Jeden Morgen, wenn die Sonne aufging, begann der Kampf ums Überleben aufs Neue. Angela und ihre Mutter sammelten alles, was der Wald zu bieten hatte: Eicheln, Pilze, Haselnüsse, Blaubeeren, Brombeeren. »Man kann vieles essen in der Natur«, sagte Appolonia.

»Aber man muss wissen, was gesund und nicht giftig ist.« Meistens wusste sie es. Angela ernährte sich von Gräsern und Blumen, von Wegerich, Sauerampfer und Hagebutten. Und vom Korn aus den Ähren.

Im Winter waren die Not und der Hunger am größten. Manchmal aßen sie süße Birkenrinde oder kauten Bucheckern. Gegen den Durst holten sie sich Wasser aus klaren Quellen. Oder lutschten die Eiszapfen.

Zum Glück aber fütterten die Förster die Rehe, Hirsche und Wildschweine. Da nahmen auch sie sich einfach von den Krippen etwas weg. Ein bisschen vom Heu, vom Kohl, von den Sonnenblumenkernen oder den Gelben Rüben. Warum denn auch nicht? Nicht nur die Tiere, auch die Menschen des Waldes wollten überleben.

Brot war eine besondere Köstlichkeit. Aber das gab es nur selten. Wenn Angela einen Knust in der Krippe fand, war er meist hart wie Stein. Sie lief dann mit dem Brotrest zum nächsten Bach und hielt ihn ins Wasser, bis er aufweichte. Dann aß sie das nass-kalte Brot, in dem noch Eisstückchen steckten, mit ihrem heißen Hunger.

Wenn im Winter das Wasser in den Bächen und Seen gefroren war, rieb sich Angela morgens mit Schnee sauber. Zahnbürste und Zahnpasta kannte sie nicht. Dafür gab ihr die Mutter ein Stückchen Harz, das sie von den Tannenbäumen abgekratzt hatte. Das kaute sie stundenlang wie das beste Kaugummi. Und hatte immer gesunde weiße Zähne.

Einmal trafen sie zwei andere Sintifamilien, die sich ebenfalls vor den Nazis versteckt hielten. Mit denen zogen sie den ganzen Tag durch den metertiefen Schnee, um einen trockenen Unterschlupf zu finden. Alle waren müde und nass und schließlich heilfroh, als sie eine große Hütte fanden, voll mit Heu. Eine der Frauen hatte ein wenig Mehl dabei und kochte am Feuer vor dem Schober einen Brei, um den ärgsten Hunger zu stillen.

Angela und die anderen Kinder hatten großen Spaß an diesem Abend. Ein alter, blinder Mann hatte eine freche Puppe dabei, die ihm ständig dazwischenredete, wenn er zu dem »hochverehrten Publikum« etwas sagen wollte. Darüber konnte er fuchsteufelswild werden. Er nannte sie »Schlampampel« und schimpfte fürchterlich.

Er sei einstmals ein berühmter Künstler gewesen, erzählte Angelas Vater, und in Stuttgart im Varieté aufgetreten, als er noch sehen konnte. Der beste Bauchredner im ganzen Reich. Die Königin von Württemberg habe ihm sogar einen goldenen Orden verliehen.

Als es Schlafenszeit wurde, kletterten die Eltern mit Angela die Leiter hinauf. Ganz oben unter dem Gebälk machten sie sich ein Bett im Heu. Die Leiter zogen sie hoch. Das war ihr Glück.

Die anderen zwei Familien schliefen unten.

Um fünf Uhr morgens hörte Angela plötzlich Schritte und Stimmen draußen vor dem Schober. »Sei ganz still!«, flüsterte ihr Vater. »Da unten sind Nazis.« Dann grub er ein tiefes Loch ins Heu, in das Angela mit ihrer Mama hineinschlüpfte. Ihr Vater deckte sie vorsichtig zu und grub sich auch mit ein.

Angela wusste genau, wie man sich auf der Flucht verhalten muss. Sie war mucksmäuschenstill, obwohl das Heu in der Nase kitzelte, und hoffte nur, dass sie nicht niesen musste.

Wenig später hörten sie unten Schüsse fallen und die Nazis brüllen: »Aufstehn! Anziehn! Aufstehn! Los!«

Nicht nur Angela hatte große Angst. Ihre Mama betete mit den Lippen. Obwohl es unter dem Heu stockdunkel war, merkte sie es an Appolonias heißem Atem. Doch keiner von den Nazis kletterte zu ihnen hoch.

Immer wieder knallten Schüsse. Unten schrien die Kinder. Die Frauen klagten und weinten.

Als alle angezogen waren, kam ein Bauer mit zwei Pferden und einem großen Wagen. Die Menschen wurden aufgeladen. Danach nahmen die Nazis eiserne Mistgabeln und stachen überall in das Heu. Bis einer sagte: »Niemand mehr da!« Dann verschwanden sie.

Sie warteten noch eine Viertelstunde. Leise nahm ihr Vater die Leiter aus dem Heu und kletterte hinab. Dann öffnete er vorsichtig das Scheunentor und schaute hinaus. Die Nazis waren alle weg. Sie hatten noch einmal Glück gehabt.

Appolonia Krämer war sehr fromm. Sie betete gern und erzählte viel aus der Bibel. Auch von Maria, Josef und dem Christuskind, die damals genau wie sie draußen gewesen waren auf der Straße. Weil alle Welt geschätzet werden sollte. Ein jeglicher in seiner Stadt. Und alles nur, weil der Kaiser Augustus es befohlen hatte. Daher waren die Menschen auch im Heiligen Land auf der Reise und Maria und Josef hatten kein Bett in der Herberge. Ausgerechnet zu Weihnachten, mitten im kalten Winter, als Maria das Christuskind gebären sollte. Hinterher legte die Muttergottes ihr kleines Baby einfach in eine Krippe, auf Heu und auf Stroh.

Und so ähnlich sei es ja auch mit ihnen, meinte Appolonia. Eine heilige Familie seien auch sie. Nur dass sie nicht einmal einen Esel hatten, weil sie auf der Flucht vor den Nazis ihren Wagen und das Pferd, die klapprige Liese, hatten stehen lassen müssen.

Das erste Weihnachten, das sie im Wald feiern mussten, wurde für Angela das schönste ihres Lebens. Sie waren hoch oben in den Wäldern der Schwäbischen Alb. Da fegte ein kalter Wind über den Schnee. Mit einem Mal, als sie Kirchenglocken im Tal hörten, sagte ihr Vater: »Verflixt noch mal, ich glaube, es ist Heiligabend.« Da nahm die Mama blaue, rote, grüne und gelbe Wollfäden, biss sie klein und schmückte eine kleine Fichte damit. So hatten sie einen Tannenbaum. Und statt Kerzen machten sie ein kleines Feuer vor dem Zelt. Appolonia hob Angela auf den Schoß und sang mit ihr »Oh Tannenbaum« und »Oh du fröhliche, oh du selige . . .«

Doch ihr Vater knurrte nur.

Am nächsten Tag nahm sich Angela auch ein paar bunte Fäden und schmückte so viele kleine Fichten, wie sie nur konnte. Ein Wald voller Christbäume.

Als der Frühling kam, wurde es besser. Das Frieren hatte ein Ende. Franz Reinhardt konnte am Bach Fische fangen. Mit der bloßen Hand schnappte er zu und zog sie aus dem Wasser. Angela suchte mit ihrer Mama nach Beeren und war glücklich.

Einmal trafen sie auf der Wacholderheide einen alten Schäfer. Mit seinen beiden Hunden hütete er zwischen Felsen und Büschen eine riesige Schafherde. Er hatte einen langen grauen Umhang, einen schwarzen Hut und einen langen Stock, auf den er sich stützte. Er sah wie ein Denkmal aus, rauchte ein Pfeifchen und redete kaum. Dafür blökten seine Schafe und Lämmer umso lauter.

Man musste Geduld mit dem Schäfer haben. Doch nach und nach gab er Angelas Mutter wertvolle Ratschläge, wo Polizisten waren, wo gutherzige Menschen wohnten und welche Wege sicher waren. Währenddessen durfte Angela ein neugeborenes Lämmchen streicheln und an sich drücken. Es war sanft und kuschelig, hatte aber einen frechen Blick und wollte immer weglaufen, zu seiner Mutter.

Dort, wo sie lebten, gab es am Waldrand einen großen, alten Baum. Er war innen hohl. Das war ihr geheimer Briefkasten. Aber diese Post kannten nur Sinti. Verwandte und Freunde ließen ihnen dort ihre Nachrichten zukommen. Sie schauten immer mal wieder in diesen Baum. Manchmal war auch ein Heiligenbild darin, ein Glücksbringer oder ein kleines Geschenk für Angela.

Appolonia konnte gut lesen und schreiben. Einmal fand sie einen Brief in der Höhlung, von einer Familie, die ebenfalls in den Wäldern auf der Flucht war. Sie öffnete den Brief und las vor. Dieser und jener ist im KZ, andere hat man eingesperrt. Vorsicht in Aalen, dort werden auf dem Gesundheitsamt die Jungen kastriert und die Mädchen sterilisiert.

Mit solchen Begriffen konnte Angela damals noch nichts anfangen. Aber an der Art, wie die Erwachsenen diese fremdartigen Worte aussprachen, merkte sie, dass es eine Bedrohung sein musste, etwas sehr Schlimmes und Schreckliches. Sogar ihr Dada hatte Angst davor.

Als Angela fragte, was denn das alles bedeute, erzählte ihr Appolonia Krämer vom König Herodes, der alle kleinen Kinder ermorden ließ, zu der Zeit, als das Christkind geboren wurde. Und am Ende meinte sie: »Der ist wie der Hitler, der Kindermörder. Genau wie der Hitler.«

»Nein, das stimmt doch nicht«, sagte Franz Reinhardt.

»Wieso?«

»Weil der Hitler ein viel schlimmerer Kindermörder ist, tausendmal schlimmer!«

Erst Jahre später, nach der Befreiung vom Nationalsozialismus, begriff Angela, was ihr Vater gemeint hatte. Sie erfuhr, dass es zum Ausrottungsprogramm der Nazis gehörte, alle Sintikinder unfruchtbar zu machen. Sie sollten später keine Kinder bekommen und keine Familien gründen können. Die Auslöschung aller Sinti, das Ende ihres Volkes war das Ziel der Nationalsozialisten. Auch deshalb waren viele Menschen mit ihren Kindern in die Wälder geflüchtet.

Besonders gern kletterte Angela auf die Bäume. Vor allem bei Wind. Wenn es stürmte und die Äste sich bogen, gefiel es ihr am besten. Mit Händen und Füßen umklammerte sie den höchsten Ast, der sie gerade noch tragen konnte, und ließ sich hin und her wiegen. Sie stellte sich vor, ihr Baum wäre ein wildes weißes Pferd, das sie abwerfen wollte. Und sie wäre eine stolze Indianerin, eine Häuptlingstochter: die Einzige, die es bändigen und zähmen konnte.

Eines Tages standen plötzlich Männer mit Gewehren vor ihnen. »Ihr habt uns grade noch gefehlt!«, sagte ihr Anführer, ein SS-Mann. »Die Firma braucht Leute. Für die Reichsstraße. Bei uns kriegt ihr Arbeit.«

Zunächst aber wurden sie »zur Feststellung der Identität« auf die nächste Polizeistation gebracht.

»Der Einarmige!«, staunten die Beamten, als Franz

Reinhardt in die Wachstube gebracht wurde. »Hat es ihn endlich doch noch erwischt!«

Der SS-Mann telefonierte nach Stuttgart, ob er sie für sein Arbeitskommando behalten könne. Es handle sich schließlich um Straßenbau, um kriegswichtige Arbeit. Für die Organisation Todt.

Erst einmal müsse die Abstammung überprüft, eine Rassenakte und ein Rassengutachten erstellt werden, lautete die Antwort. Dann könne man sehen. So wurde Angela mit ihren Eltern von der Polizei zur rassischen Erfassung nach Hechingen gefahren. Dort seien noch zwei »Rassenforscher« aus Berlin, um die letzten eingefangenen schwäbischen »Waldzigeuner« zu untersuchen.

Für Angela war es die erste Autofahrt ihres Lebens. Eigentlich fand sie es ganz gemütlich, mit ihren Eltern auf einem Ledersofa zu sitzen und über die Schwäbische Alb zu rollen. Am besten gefiel ihr die Burg Hohenzollern. Sie thronte auf einem hohen Berg und sah aus wie ein Märchenschloss. »Da liegen die Preußenkönige begraben«, sagte ihr Vater leise. Seine Stimme klang traurig. Aber nicht wegen der verstorbenen alten Könige.

Angela guckte sich die Augen aus und wünschte sich einen Königssohn zu sehen, der auf einem Pferd den Schlossberg herunterritt. Aber vielleicht fuhren die Prinzen heutzutage ja auch lieber mit dem Auto. Mit einem schneeweißen natürlich. Mit roten Ledersitzen und goldenen Beschlägen.

Auto fahren war ja wirklich etwas sehr Schönes. Wenn ihr nur die beiden uniformierten Bewacher nicht so große Angst gemacht hätten. Als der Fahrer nämlich eine Pinkelpause einlegte, hatte der andere Polizist Schweißperlen auf der Stirn und entsicherte seine Pistole. Bei einem Fluchtversuch müsse er von der Schusswaffe Gebrauch machen, sagte er. Offensichtlich fürchtete er sich vor dem einarmigen Franz Reinhardt, der Appolonia und dem Kind. »Also keine Dummheiten bitte!«

In Hechingen wurden sie im Gesundheitsamt bereits erwartet. Ein »Rassenforscher« fotografierte sie von allen Seiten. Dann wurden die Eltern in den Untersuchungsraum gebracht. Fast zwei Stunden musste Angela ganz allein im Wartezimmer sitzen und die Wände anstarren.

Endlich wurde sie hereingerufen. Sie musste sich auf einen Stuhl setzen und zitterte am ganzen Körper. Denn jetzt kam ja das Schreckliche, die tödliche Gefahr, vor der ihr Vater so große Angst hatte, dass er mit ihr und der Mama in die schwarzen Wälder geflohen war.

Eine rotblonde, junge Frau gab Befehle. Sie war wie eine Rotkreuzschwester gekleidet. Neben ihr stand ein Polizist. Die Frau strich Angela über das Haar, schob ihr einen Zitronendrops in den Mund und sagte »Mein Kleines« zu ihr. Dann stach sie ihr eine Nadel in den Arm und saugte ein wenig Blut aus ihr heraus, das sie in ein kleines Fläschchen füllte. Eine andere Schwester saß daneben und füllte Karteikarten aus.

Eigentlich war es ganz harmlos.

Die rotblonde Frau murmelte immer irgendwelche Zahlen, während sie ihr ein paar Haare abschnitt, in den Hals guckte, in die Ohren, in die Nasenlöcher, in die Augen. Sie hatte bunte Haut- und Augenbilder und verglich die Farben. Die andere Frau schrieb alles fein säuberlich auf. Dann holte die rotblonde Frau verschiedene Messgeräte aus ihrem Koffer und maß an Angela alles, was es an ihr zu messen gab: die Wölbung ihrer Schädeldecke, die Stirnhöhe, den Abstand zwischen ihren Augen, ihre Ohrläppchen, ihre Schultern, ihre Armlänge, die Wadenbreite, die Füße und vieles andere mehr. Als wäre sie das achte Weltwunder. Aber so machten die Nazis es ja mit allen Sinti.

Weshalb bloß hatte ihr Vater so große Angst davor? Weshalb hatte er die Untersuchung eine tödliche Gefahr genannt? Das Blutstechen war das Einzige, was ihr wirklich wehgetan hatte. Alles andere war nur langweilig gewesen.

Die rotblonde Schwester verabschiedete sich von Angela, strich ihr noch einmal über das Haar und sagte lächelnd »Zigeunermischling plus«. Als wäre das eine besondere Auszeichnung.

Die rotblonde Frau war Eva Justin. Angela ahnte nicht, dass sie ihr wenige Jahre später wieder begegnen würde. Und noch viel weniger konnte sie wissen, welche furchtbare Rolle Eva Justin beim Völkermord an den Sinti und Roma spielte.

Noch am selben Tag wurden sie zu den Straßenbauarbeitern gebracht. »Bis auf weiteres«, hieß es. Gemeint war die vorgesehene Deportation in ein polnisches Lager.

Zehn Tage lang mussten sie für die große, neue Reichsstraße mit der Schubkarre Schotter fahren, Asphalt kochen und die Straße teeren. Angela bekam die Aufgabe, aus einem Korb Frühstücksbrote und Bier an die Arbeiter auszuteilen. Eigentlich war sie stolz, dass sie das schon konnte. Nur hatte sie ständig verteerte Füße, an denen der Rollsplitt kleben blieb, kleine Steinchen, die sie stachen und zwickten.

Es waren auch Männer in dünnen, blau-weiß gestreiften Jacken unter den Bauarbeitern. KZ-Häftlinge. »Es sind Bibelforscher«, erklärte ihr Vater. »Wegen ihres Glaubens werden sie von den Nazis verfolgt. Sie wollen keinem Hitler, sie wollen nur dem lieben Gott gehorchen. Und niemals eine Waffe in die Hand nehmen.« Aber der Aufseher schimpfte sie immer nur »Verbrecherpack«.

Tag für Tag arbeiteten sie an der großen Straße. In einem Bauwagen hatten sie eine Bettstatt, auf der sie zu dritt schliefen. In der zehnten Nacht, kurz bevor die Polizei kommen sollte, um sie zur Deportation in ein Sammellager zu bringen, weckte Franz Reinhardt leise Frau und Kind und flüchtete mit ihnen in den Wald zurück.

Die folgenden Monate waren die schlimmsten, eine Zeit voller Angst, Hunger und Kälte. Allen Menschen mussten sie aus dem Weg gehen. Keinem konnten sie noch vertrauen.

Und doch: Für Angela war es das Leben. Ihr Leben. Sie kannte kein anderes. Es gefiel ihr. Eine Hand voll Erdbeeren konnte das Glück sein. Vor allem aber war sie zusammen mit ihrem Dada und ihrer Mama. Manchmal gingen sie Hand in Hand. Alle drei. Und hatten sich lieb.

Eines Tages kamen sie wieder zu dem Baum, der ihr Postbriefkasten war. Diesmal war in der Höhlung eine Nachricht versteckt, die alle drei erstarren ließ. Es hieß, die sechsjährige Angela werde von der Polizei und ihrer deutschen Mutter gesucht. Steckbrieflich. Und der Vater, der einarmige Franz Reinhardt, als Kinderräuber. Vor Schreck schlug sich Appolonia Krämer die Hand vor den Mund und ließ den Brief fallen. »Das hättest du vor dem Kind doch nie und nimmer vorlesen dürfen!«, sagte der Vater ärgerlich.

Auf einmal wusste ich überhaupt nichts mehr. Eine deutsche Mutter? Was war denn das? Wieso sollte ich auf einmal zwei Mütter haben? Mein Vater hatte mir ja überhaupt nichts davon erzählt. Ich glaube, ich habe nur geheult an dem Tag. Vor allem aber war ich furchtbar wütend auf diese Frau. Sechs Jahre hatte sie sich überhaupt nicht um mich gekümmert. Und jetzt auf einmal jagte sie mich mit der Nazipolizei. Was wollte die denn von mir? War ich ihr Eigentum? Wie eine Puppe?

Mein Vater nahm mich in den Arm und versuchte mich zu trösten. »Ach, keine Bange! Die werden uns doch gar nicht finden. Und niemals, glaub mir, niemals geb ich dich her!« Aber trotzdem, von dem Tag an war meine größte Angst, dass ich weggeschleppt werde von meinen Eltern.

Die deutsche Mutter

In den nächsten Tagen erfuhr Angela Näheres über ihre leibliche Mutter, wie ihre Eltern die Frau nannten, die sie geboren hatte. Erna Schwarz hieß sie. Als junges Mädchen war sie von zu Hause weggelaufen, hatte sich in den damals siebzehnjährigen Franz Reinhardt verliebt und ihn ein paar Jahre auf seinen Geschäftsreisen begleitet. »Eine Romanze«, sagte ihre Mama. Die Erna sei sehr schön gewesen, blond und blauäugig, aber wohl nicht ganz die Richtige für ihren stolzen Vater.

Eines Tages, kurz nach Angelas Geburt, sei sie plötzlich verschwunden, vom Milchholen nicht mehr zurückgekehrt. Von der Polizei geschnappt, habe man im Dorf gesagt. Aber vielleicht sei ihre Liebe auch erloschen gewesen. Oder es habe sie gestört, dass ihr Franz nach dem Unfall nur noch einen Arm hatte. Oder sie habe das Herumzigeunern satt gehabt. Die ewige Verfolgung.

Franz Reinhardt hatte ihr noch ein paar Briefe an die Adresse ihrer Eltern geschickt. Vergeblich. Erna kehrte nicht zurück. Als sie verschwand, war Angela drei Monate alt.

So wuchs sie erst einmal bei den Tanten in der Familie ihres Vaters auf. Bis er eine Frau gefunden hatte, die auch für das Kind sorgen wollte und so Angelas »Herzensmutter« wurde: Appolonia Krämer.

Die Frau jedoch, die ihre Eltern als leibliche Mutter oder auch als Stadtmutter bezeichneten, konnte Angela nur fürchten. Sie war eine tödliche Bedrohung, weil sie mit der Nazipolizei, dem Jugendamt, den Förstern, den Landjägern und den Feldhütern gemeinsame Sache machte und sie suchen ließ.

Von da an lebte die Sechsjährige in ständiger Angst. Sie war es ja, die den Eltern weggenommen werden sollte, sie war es, auf die man Jagd machte. Das Risiko, wenn sie mit ihrer Mama einen Korb verkaufen wollte, war jetzt größer als zuvor. Die armen Bauern auf der Alb, die sie besuchten, kümmerten sich nicht groß um die Gesetze der Nazis und drückten gern ein Auge zu. Sie sagten, das mit den Nazis werde bald schon vorbei sein. Und am Ende habe sowieso nur der Herrgott das Sagen.

Doch seit Angela polizeilich gesucht wurde, halfen keine frommen Worte mehr. Wenn sie einen fremden Mann sah, einen Jäger oder einen Förster, versteckte sie sich sofort. Ihr Vater hatte gesagt, dass sie sich vor allen grünen Männern verbergen oder schnell wegrennen sollte. In den Wald, ins Unterholz, in den dichten Tann.

Doch im Notfall gab es ein noch besseres Versteck. Appolonia Krämer hatte einen weiten Rock, wie ihn damals noch viele Sintifrauen trugen. Unter dem konnte Angela sich gut verbergen, wenn sie unterwegs einen Fremden trafen. Unter dem Rock musste sie allerdings sehr leise sein, bis der Bauer, der Wandergeselle, der Köhler oder der Waldarbeiter endlich weiterging. Wenn sie geschwätzig wurden, war das eine Qual. Einmal konnte sie es nicht länger unterdrücken und musste husten, weil es so stickig war unter dem Rock. Da fragte der Feldhüter ihre Mama, was das denn wohl für ein merkwürdiges Geräusch gewesen sei. Und ob sie nicht mal aufstehen könne. Aber Appolonia Krämer sagte: »Ach, guter Mann, das kann ich nicht. Ich habe es am Unterleib. Eine Frauengeschichte, Sie wissen schon.«

Es dauerte lange, aber mit der Zeit beruhigte sich Angela wieder und hatte die Bedrohung, die über ihren Köpfen schwebte, fast schon vergessen.

Sie spielte wieder ungestört mit ihrem kleinen Segelboot oder mit der Familie Zapf. Tannenzapfen nämlich waren ihre Puppen, kleine Wichtelmänner und Gnome, aber auch Indianer oder schöne Königssöhne – je nachdem.

Doch dann kam der Tag, der Angelas bisheriges Leben von Grund auf verändern sollte.

Irgendwie hatte die Polizei erfahren, dass sie wieder in der Nähe ihres Heimatortes waren. Franz Reinhardt hatte in Burladingen einen Schulfreund aus besseren Tagen, der ihm hin und wieder mit abgelegten Kleidern aushalf oder ein neues Schnitzmesser beschaffte.

Gegen ihre sonstige Gewohnheit waren noch zwei andere Familien mit ihnen. Weil die Sonne nach vielen Regentagen endlich einmal wieder lachte, waren sie übermütig geworden. Sie hatten den dunklen Tann verlassen und sich in einer Wiesenmulde am Waldrand unter blühende Kirschbäume gesetzt. Alles war so friedlich und traumhaft: das frische Grün, übersät mit gelbem Löwenzahn, der Blütenschnee in den Zweigen und über allem ein klares Himmelblau. Wochenlang waren sie in nassen Kleidern über die Alb gezogen. Jetzt wollten sie einfach nur ein wenig die Mittagssonne genießen.

Das wurde ihnen zum Verhängnis.

Die Polizei machte eine Razzia mit fünfzig Mann, umstellte die Mulde und nahm alle fest. Nur Angela blieb unentdeckt. Sie hatte gespielt und war auf der Suche nach ihrem schönen weißen Pferd in einem der Kirschbäume herumgeklettert. Nun saß sie oben in den Blüten fest.

Plötzlich hörte sie, wie ihr Vater unten auf Romanes rief: »Lauf, Angela, lauf! Versteck dich!«

Angela erstarrte. Wohin sollte sie denn laufen? Alles war ja von Polizisten mit Gewehren umstellt. Wie sollte sie den Waldrand erreichen? Also verhielt sie sich erst einmal mucksmäuschenstill. Dabei musste sie mit ansehen, wie ihre Eltern von den Polizisten mit Knüppeln geschlagen wurden. Danach wurden sie mit einem Gewehrlauf im Rücken abgeführt und in eine kleine Kapelle am Wegrand eingesperrt. Da konnte sich Angela nicht länger beherrschen.

Ein junger Polizist, der in der Nähe stand, hörte ihr

Schluchzen und lief hinzu und schüttelte den Baum. Ein anderer schoss in die Luft. Vor Schreck sprang sie ab und rannte, so schnell sie nur konnte. Erst zum Waldrand hin, aber als sie sah, dass auch dort Polizisten waren, schlug sie einen Haken und hetzte wie ein Hase durch die Wiesen auf ein Gehöft zu.

Der junge Polizist nahm die Verfolgung auf. Er hatte einen Schäferhund an der Leine. Der bellte und hechelte im Jagdfieber, zerrte und wollte losgelassen werden. Angela bekam furchtbare Angst und lief, als ginge es um ihr Leben. Die anderen Polizisten lachten und schossen mit den Gewehren.

Neben dem Gehöft war ein Schafstall. Sie stürzte hinein und warf sich zwischen die aufgeregt blökenden Schafe in den Dreck und Kot. Aber es half nichts. Ihr Herz klopfte und das heftige Keuchen verriet sie. Wenig später zog sie ein Polizist aus dem stinkenden Schafsmist und hielt sie mit spitzen Fingern weit von sich.

Dann wurden sie durch die blühenden Obstwiesen abgeführt. Alle Erwachsenen waren mit Handschellen gefesselt. Auch ihr Vater und ihre Mama.

An der Kreisstraße machten sie Halt. Die Polizisten schubsten die Gefangenen mit ihren Knüppeln und drängten sie auf einen Lastwagen. Angela wollte zu ihrem Vater, doch der Gendarmerieleutnant, der die Razzia leitete, riss sie mit sich fort.

»Du gehörst nicht dazu. Keine Angst, Kleines, ich bringe dich zu deiner Mutter!« Er führte Angela zu einem großen schwarzen Auto, das neben den Mannschaftswagen der Polizei stand. In dem Wagen saß eine junge Frau. Sie trug einen braunen Faltenrock und eine weiße Bluse. An ihrem Hals schimmerte eine Perlenkette.

Die Frau stieg aus, sah Angela an und sagte: »Mein Liebling!« Dabei breitete sie die Arme aus. Doch dann hielt sie sich die Nase zu. »Oje! Ich muss dich wohl erst mal gründlich waschen und kämmen. Damit du wieder ein Mensch wirst. Wart nur, bald geht es dir besser!«

Angela aber schrie aus Leibeskräften: »Me gemau basch miro Dada!!! Ich will zu meinem Dada, zu meinem Dada will ich!«

Aber niemand wollte ihr helfen.

Von dem auf Deutsch geführten Gespräch zwischen dem Polizisten und der Frau verstand Angela nur ein paar Brocken: Zigeuner, völlig verwahrlost, Gesindel, Sauberkeit, Ordnung.

Die Frau nahm Angela bei der Hand. So fest, dass sie sich nicht mehr losreißen konnte. Und zog sie erst mal in das Bauernhaus, um sie zu säubern. Ohnmächtig musste Angela alles mit sich geschehen lassen.

Erna Schwarz sprach noch ein wenig Romanes aus ihrer Zeit mit Franz Reinhardt. Sie redete auf die wieder gefundene Tochter ein und wollte ihr klarmachen, dass sie es in Zukunft besser haben würde als bei ihrem Vater, dem Kinderräuber.

Doch Angela schüttelte traurig den Kopf und sagte immer wieder: »Me gemau basch miro Dada!«

Die Bauersfrau füllte einen Holzbottich mit Wasser. Da musste Angela hinein. Neben dem Bottich stand ein Polizist. Wahrscheinlich sollte er sie bewachen.

Erna Schwarz setzte sich auf einen Schemel und wusch Angela mit Kernseife, Waschlappen und Bürste. Auch die Haare und das Gesicht. Höllisch brannte die Seife in ihren Augen. Aber Angela weinte aus einem anderen Grund.

»Mein Liebling. Von jetzt an werde ich für dich sorgen!« Immer sagte die Frau »mein Liebling« zu ihr. Aber es klang überhaupt nicht liebevoll.

Erna Schwarz war tatsächlich eine sehr schöne Frau. Trotzdem konnte Angela nicht verstehen, dass ihr Vater sich ausgerechnet in diese Frau verliebt hatte. Denn Herzenswärme wie bei Appolonia spürte sie nicht bei ihr.

Angela musste sich gefallen lassen, dass die fremde Frau sie grob anfasste, in Tücher packte und am ganzen Körper abrubbelte. Dann zog sie ihr Strümpfe und Schuhe an, die ihr wehtaten, eine Unterhose, die sie »Schlüpfer« nannte, und ein Kleid mit blauen Punkten, das Angela überhaupt nicht gefiel. »Sei froh, dass du von dem Zigeunerpack weg bist. Du bist ja total verwahrlost. Aber bei mir lernst du Sauberkeit. Ich mache wieder einen richtigen Menschen aus dir. Das schwöre ich!«

Angela mochte sich nicht damit abfinden, dass diese Frau ihre »richtige Mutter« sein sollte, die »Stadtmutter«, wie sie ihr Vater genannt hatte.

Erna Schwarz jedenfalls war froh, dass sie Angela gefunden hatte und mit zu sich nach Hause nehmen durfte. Damit hatte sie erreicht, was sie wollte. Jetzt war Angela außer Gefahr, meinte sie.

Es war eine weite Fahrt. Die Schuhe drückten. Die blöde Unterhose mit den Gummibändern kratzte, kniff und tat weh. Am liebsten hätte Angela sie gleich wieder ausgezogen. Und Schuhe und Strümpfe auch. Aber im Polizeiauto ging das nicht.

Später fuhren sie mit einer Fähre über den Bodensee, das »Schwäbische Meer«. Es war ein sonniger, aber auch stürmischer Tag. Angela hatte noch nie so viel Wasser und ein so großes Schiff gesehen. Eigentlich wollte sie ihre deutsche Mutter ja überhaupt nicht anfassen. Niemals, hatte sie sich geschworen. Doch weil das Schiff im Sturm schwankte, bekam sie Angst und hielt sich dann doch an ihrem Rock fest.

Die Mutter verstand das falsch. Sie streichelte der verlorenen Tochter über das Haar und hob sie auf den Arm.

Das Wasser glitzerte in der Sonne wie tausend Funken und die Gischt fegte über ihr Gesicht. Das Schiff schwankte erneut und Angela hatte Angst vor den wilden Wellen. Sie trampelte mit den Füßen und schrie: »Ich will runter, ich will runter!«

Die Mutter ließ sie an sich herab zu Boden gleiten, sah sie kopfschüttelnd an und sagte: »Du dummes Ding!«

Danach fuhren sie noch eine Strecke mit dem Zug, bis sie zu Hause waren.

Die Stadt, in der ihre Mutter lebte, hieß Friedrichshafen. Noch nie hatte Angela so viele Häuser auf einmal gesehen. Die Häuser hatten überhaupt keine Gärten und waren so hoch, dass sie sich den Hals verrenken musste. Manche sahen sogar richtig böse aus. Alle Straßen und Wege waren gepflastert. Das gefiel ihr überhaupt nicht. Städte sind große, versteinerte Dörfer, dachte sie.

Wenn die Stadtmutter ihr etwas sagen wollte, stellte sie sich taub, verstand kein Wort und sagte immer nur: »Me gemau basch miro Dada! Ich will zu meinem Dada!«

In dem Haus lebten noch zwei kleine Mädchen, ihre Halbschwestern, und der Mann, mit dem Erna Schwarz jetzt verheiratet war. Überschwänglich herzte und küsste sie ihre kleinen Töchter. Angela stand daneben und schaute zu. Ja, die beiden Kleinen liebt sie wirklich, dachte sie.

Die Worte, die Angela von ihr hörte, hießen: aufsässig, frech, bockig, undankbar und dummes Ding. Sie kamen wie Peitschenhiebe.

Angela war inzwischen sechs Jahre alt und damit schulpflichtig. Erna Schwarz ging in ein Schreibwarengeschäft und kaufte alles, was man in der Schule brauchte: Schiefertafel, Griffel, Schwämmchen und einen Lederranzen.

Das Schulhaus war riesengroß und sah aus wie ein

Menschenfresser. Nach dem Klingelzeichen sperrte es sein Maul auf und verschlang alle Kinder. Dann waren sie gefangen, sollten immer still in den Bänken sitzen, nicht reden und nur noch auf den Lehrer hören. Aber der verstand ja nicht mal Romanes. Nur Schwäbisch konnte er. Was sollte sie von so einem schon lernen?

Gleich am ersten Schultag reichte es ihr. Auf dem Heimweg warf sie alles in den Bach: den Schulranzen, den kratzigen Pullover, die Strümpfe und die Schuhe. Und nichts wie raus aus dem schrecklichen Schlüpfer. Unnützes Zeug. Das brauchte sie ja gar nicht. Nie und nimmer.

An diesem Tage wehte wieder so ein Wind. Ein schöner, schlanker Baum stand am Wegrand, bog und verbeugte sich vor ihr. Ihr weißes Pferd. Eins, zwei, drei war sie in seinen Ästen und schaukelte im Wind. In der Ferne konnte sie die Wälder sehen. Dorthin wollte sie reiten.

Nach einer Weile kam die deutsche Mutter, suchte und rief nach ihr. Doch Angela antwortete nicht. Erst als sie ihre Verzweiflung bemerkte, rutschte sie vom Baum und stellte sich mitten auf den Weg. Wütend stürzte sich Erna Schwarz auf ihre Tochter: »Du Tarzan, du Affenmensch! Wo sind deine Sachen?«

Angela zuckte die Achseln. Mit der Hand wies sie zum Bach. »Ich brauch sie nicht mehr. Me gemau basch miro Dada!«

Da erhielt sie eine Ohrfeige. Angela wusste, dass der

Schlag aus dem verzweifelten Herzensgrund ihrer Mutter kam. Mehr, mehr, prügel mich doch tot!, hätte sie am liebsten geschrien.

Die Mutter jammerte, klagte und schimpfte. Und am Ende musste sie ihr neue Sachen kaufen. Einen neuen Schulranzen, neue Schuhe. Das kostete sehr viel Geld. Doch Erna Schwarz wollte nicht aufgeben: »Ich mache schon noch einen ordentlichen Menschen aus dir. Glaub mir das!«

Von da an brachte sie Angela jeden Morgen zur Schule und holte sie nach dem Unterricht wieder ab. Aber trotzdem wurde ihre Tochter immer widerborstiger.

Angela hatte angefangen in die Wälder der Umgebung zu laufen, bei Wind und Wetter in die Bäume zu steigen und nach ihrem Vater und ihrer Mama zu suchen. Der Wald war ihr Freund. Wo ein Wald ist, da sind auch meine Eltern, dachte sie. Also lief sie immer tiefer hinein und rief, so laut sie nur konnte: »Dada, Mama, Mama, Dada!« Doch sie erhielt keine Antwort und lief immer weiter.

Einmal schnappte ein Jäger das Mädchen und fragte: »Na, Kleines, wo willst du denn hin?«

»Zu meinem Dada!«

»Ja, und wo wohnst du?«

Angela zeigte auf den Wald. Da schulterte der Jäger sein Gewehr, nahm sie an der Hand und lieferte sie auf dem Polizeirevier ab.

Wieder kam Erna Schwarz und holte sie mit Geschimpfe und Ohrfeigen ab. Doch das änderte nichts.

Tag für Tag weinte Angela vor sich hin. Und lag ihrer Mutter in den Ohren: »Me gemau basch miro Dada! Bitte! Bring mich zurück zu meinem Dada!«

Schließlich verlor sie jeglichen Appetit und hatte auch kein Hungergefühl mehr. Die Mutter konnte kochen, was sie wollte, Angela mochte nichts essen, auch wenn sie es ihr mit Gewalt in den Mund reinlöffeln wollte. Milchbrei, Spinat, Kartoffeln. Sie kriegte nichts runter und musste spucken. Sie magerte ab und sah fast schon aus wie der Suppenkaspar in dem Bilderbuch.

Da nahm Erna Schwarz ihre Tochter bei der Hand, ging mit ihr durch die Straßen bis hin zum Kirchhof, zeigte auf die Gräber und sagte: »Siehst du, Anscha, da kommst du auch hin, unter die Erde, wenn du nichts isst.«

Doch Angela verstand sie nicht. Es war ihr gleich. Und außerdem war sie ja sowieso ein böses Kind, das keiner lieb haben mochte.

Irgendwann schaltete sich das Jugendamt ein. Erna Schwarz bekam einen Brief und musste ihre spindeldürre Tochter nach Leutkirch in ein katholisches Heim bringen.

Die Schwestern führten das Mädchen gleich in die Küche. Sie wunderten sich, dass sie so mager war, brachten Milch und heiße Kartoffeln und sagten: »Das arme Kind!« Und plötzlich geschah das Wunder: Angela hatte Appetit und einen Bärenhunger noch dazu.

Sie aß sämtliche Kartoffeln und trank die Milch wie eine Verdurstende. Dabei spürte sie, wie der Druck auf ihrer Seele nachließ. Die Mutter war weg. Gott sei Dank, dachte sie, Gott sei Dank bin ich nicht mehr bei ihr. Und doch hätte sie sehr viel darum gegeben, wenn die schöne, junge Frau sie nur ein wenig lieb gehabt hätte.

Eine Schwester untersuchte sie gründlich wie eine Ärztin. Sie meinte: »Du bist überhaupt nicht krank, Anscha, nur unterernährt.«

In den ersten Tagen fühlte sich Angela noch ein wenig fremd und einsam im Heim. Doch lebte sie jetzt mit Kindern zusammen, denen es ebenso ging wie ihr, die auch ohne Eltern waren.

In Leutkirch lernte Angela viele Dinge, die sie noch überhaupt nicht kannte.

Das Zähneputzen mit der Zahnbürste hatte sie schon in Friedrichshafen gelernt. Aber hier gab es eine Zahnpasta, die so gut schmeckte, dass sie dachte, es wäre etwas zum Essen, und den ganzen Mund voll nahm. Darüber lachten die anderen und ein größeres Mädchen sagte: »Das darfst du nicht, Anscha. Nicht schlucken! Davon wirst du krank und kriegst Bauchweh!«

In Leutkirch erlebte sie auch das Weihnachtsfest. Doch diesmal stand der Weihnachtsbaum mitten in einem Haus, mit Kerzen, Lametta und glänzenden roten Kugeln. Und unter dem Baum war eine Krippe mit bunten Wachsfiguren aufgebaut. Maria, Josef und das kleine Jesuskind, der Ochs, der Esel und die Schafe. Alle Kinder sangen: »Ihr Kinderlein kommet, oh kommet doch all!« Danach gab es Zuckerbrot und Zitronenbrause. Alles glänzte wie verzaubert im Kerzenlicht.

Doch als sie zusammen »Oh Tannenbaum, oh Tannenbaum . . .« sangen, wurde es Angela sehr weh ums Herz und der Lichterglanz verschwamm in ihrem Blick.

Eine Schwester nahm sie an der Hand und brachte sie vorzeitig ins Bett. Da fühlte sie sich sehr allein und weinte ihr ganzes Kissen voll. Denn im Kerzenschimmer hatte sie an ihren Dada und ihre Mama denken müssen und wie sie ein Jahr zuvor draußen in der Kälte mit ein paar bunten Wollfäden ihr Weihnachten gefeiert hatten.

Mit der Zeit gewöhnte sich Angela daran, Strümpfe, Schuhe und Unterwäsche zu tragen. Die Schwestern sagten, dass der liebe Gott das sehr gerne sähe. Auch das Zähneputzen und das Gurgeln. Und dass man immer gut gepflegt sein müsse, sauber gewaschen und ordentlich gekämmt. Aber, ob Gott ihr wirklich zuschaute, im Waschraum? Da hätte er ja wirklich sehr viel zu tun, bei den Millionen Kindern auf der ganzen Welt.

Wenn Angela etwas nicht wusste oder noch nicht richtig konnte, wie Zöpfe flechten, Schuhe putzen oder Betten machen, dann halfen ihr die anderen Mädchen. Oder sie machte es ihnen nach. Auch die deutsche Sprache lernte Angela, damit sie verstand, was ihre Freundinnen immer so tuschelten. Allmählich begann sie sich sogar ein wenig wohl zu fühlen in Leutkirch.

Das Jugendamt in Stuttgart jedoch hatte die Akten auf dem Tisch, nach denen sie nicht länger bleiben durfte. Angela galt als »Fremdrassige«, als »Zigeunermischling plus mit überwiegend zigeunerischem Blutsanteil«. So jedenfalls stand es in dem »Gutachten«, das die rotblonde Frau, die Rassenforscherin Eva Justin, von ihr gemacht hatte.

Als »Zigeunermischling« gehörte Angela in jenes Heim, das bis auf weiteres zum Sammellager für alle württembergischen Sintikinder bestimmt war. Denn nachdem die Nazis ihre Mütter und Väter in die Konzentrationslager verschleppt hatten, wurden deren allein gebliebene Kinder zu »Waisenkindern« erklärt und in das Kinderheim Heilige St. Josefspflege in Mulfingen eingewiesen.

Es kam der Tag, an dem sie Leutkirch verlassen musste. »Angela, du kommst zu den Barmherzigen Schwestern«, hieß es. Ein Auto fuhr vor, in dem zwei Männer saßen. Einer von ihnen trug eine grüne Uniform. Angela stand, schon fertig angezogen, vor dem Tor. »Du gehörst nicht zu uns. Leider!« Schwester Margarita strich ihr über das Haar und gab ihr einen Kuss. Es war der erste zärtliche Kuss, seit sie von ihrem Vater und ihrer Mama fortgeschleppt worden war.

In der ersten Zeit haben die Schwestern noch Postkarten an die Kinder ausgeteilt. Meistens kamen sie aus Buchenwald oder Ravensbrück. Sie waren vorgedruckt und nur wenige Worte durften von den Eltern mit Bleistift hinaufgeschrieben werden. Also meistens, dass es ihnen gut gehe im Konzentrationslager. Dass die Kinder sich nicht sorgen mussten.

Später kamen diese Karten nicht mehr. Dafür dann die Todesnachrichten. »Gestorben an Herzversagen.« Mal für dieses, mal für jenes Kind. Dann flossen Tränen.

Ich bekam nie eine Postkarte aus dem KZ. Und auch keine Todesnachricht. Deshalb glaubte ich, dass meine Eltern den Nazis noch einmal entwischt waren. Und dass sie sich in den Wäldern gut versteckt hielten.

Heilige St. Josefspflege

Ein Wintertag mit klirrendem Frost. Angela saß auf dem Rücksitz, auf dem mehrere Koffer, Tüten und Taschen gestapelt waren. Sie hatte gerade noch Platz dazwischen und konnte sich kaum rühren. Die ganze Fahrt über sprachen die Männer kein Wort mit ihr.

Wo komme ich jetzt nur hin?, fragte sie sich. Die vereisten Scheiben musste sie anhauchen und freikratzen, um etwas von der vorbeiziehenden Landschaft zu sehen. Sie fuhren mal über eine Hochebene, mal durch einen verschneiten Wald. Angela musste dabei immerzu an ihren Vater und ihre Herzensmutter denken. Vielleicht waren sie ja gerade jetzt irgendwo da draußen mit dem kleinen Zelt und rieben sich die Hände am Feuer warm. Ob sie jemals wieder zusammen sein würden?

Nach einiger Zeit kam eine kurvenreiche Strecke, die durch den Wald in ein Flusstal hinabführte. Der Fahrer fluchte vor sich hin, denn bei dem Glatteis musste er sehr langsam und vorsichtig fahren.

In der Nähe von Künzelsau jedoch gerieten sie ins Schleudern, der Wagen drehte und überschlug sich. Auf der einen Seite war ein Fluss, die Jagst, aber zum Glück kippte der Wagen kopfüber auf die andere Straßenseite. Alle Koffer, Taschen und Kleider fielen auf Angela, die ebenfalls herumgepurzelt war und innen auf dem Dach lag.

Nach einer Weile krochen die Männer, ächzend und klagend, aus dem umgestürzten Auto, gingen um den Wagen herum und zogen das verängstigte Mädchen heraus. Dann stellten sie das Auto wieder auf seine vier Räder.

Angela zitterte am ganzen Körper. Sie blutete ein wenig, weil sie sich an den Splittern der zerborstenen Windschutzscheibe im Gesicht und an den Armen geschnitten hatte. Aber außer ein paar Beulen und Schrammen war ihr nichts Schlimmes passiert.

Als sie vor der Heiligen Sankt Josefspflege in Mulfingen ausstieg, waren ihre Füße ohne Gefühl vor lauter Kälte. In der Küche bekam sie eine heiße Milchsuppe und ein Stück Brot. Das wärmte sie auf. Dann brachte eine der Barmherzigen Schwestern sie zu den anderen Kindern hinauf.

Angela war sehr schüchtern, aber einige Mädchen kamen gleich auf sie zu und wollten mit ihr »Hupf, mein Hütchen« spielen. Sie merkte, dass es Sintikinder waren, und versuchte ein paar Worte Romanes mit ihnen zu sprechen. Aber Schwester Roswitha fuhr dazwischen und sagte: »Kinder, wir sind hier nicht in Zigonesien! Hier wird deutsch geredet!«

Da redete sie halt deutsch – so gut es ging.

Die Mädchen zeigten ihr den Schlafsaal, ihr Bett und die Waschgelegenheiten. Es war alles da: Toilette, Seife, Zahnpasta, Handtücher.

Am nächsten Morgen wurde Angela der Lehrerin des Heims, dem Fräulein Gerlinde Hägele, vorgestellt.

Die Lehrerin war sehr schlank, hatte dunkles Haar und trug es im Nacken zu einem Knoten gebunden. Das verschaffte ihr ein strenges Aussehen.

Alle acht Klassen saßen in einem Raum zusammen. Fräulein Hägele hatte viel zu tun. Während sie die höhere Klasse unterrichtete, machten die Kleinen Pause oder malten etwas von der Tafel ab. Für die Kinder war es oft schwierig, man konnte nicht so gut lernen, wie es eigentlich hätte sein sollen. Folgen jedoch musste man dem Fräulein aufs Wort. Eine Stecknadel wollte sie immer fallen hören.

Die meisten Kinder waren Sinti, aber es waren auch ein paar Polen dabei und »Jenische«, wie man die Vaganten und Schaustellerfamilien nannte, die nicht zu den Sinti gehörten.

Angela kam in die erste Klasse. Zum Buchstabenlernen schickte die Lehrerin die erste Klasse auf den Hof. »Zum Buchstabieren braucht es Buchenstäbe!«, sagte sie. Unter einer großen, alten Buche sollten die Kinder kleine Stöckchen suchen und damit das ganze ABC in den Sand legen.

Danach lernten sie mit dem Griffel auf der Schiefertafel zu schreiben. Es quietschte fürchterlich und hinterher schmerzte das Handgelenk. Aber es war praktisch. Wenn Angela sich verschrieben hatte, konnte sie es mit dem Schwämmchen einfach wieder auswischen und neu schreiben. Nur das kleine gedruckte h machte ihr Schwierigkeiten. Doch Fräulein Hägele half ihr: »Angela, stell dir doch einfach einen Stuhl vor!«

Sie malte einen Stuhl an die Tafel. »Siehst du, genau so geht das kleine h!« Und zum Üben musste Angela die ganze große Tafel mit lauter kleinen h voll malen. So lange, bis sie es perfekt konnte.

Als besondere Belohnung schenkte ihnen das Fräulein manchmal ein »Haucherle«. Das war ein hauchdünnes Stückchen Plastik. Es gab verschiedene Figuren in vielen Farben: Fische, Hasen, Igel und andere. Wenn man sie auf die Hand legte und anhauchte, bewegte sich das kleine Fischlein oder der Hase. Angela gab sich große Mühe, um so ein Haucherle zu bekommen. Mit der Zeit lernte sie alle Buchstaben und konnte nach einem Jahr schon recht gut lesen.

Manchmal brachte das Fräulein auch einen Geigenkasten mit in den Unterricht. Wenn sie brav waren, spielte sie den Kindern zur Belohnung etwas vor oder begleitete sie, wenn sie ihre Lieder sangen. Eigentlich ist sie ja ganz hübsch, dachte Angela. Sie müsste einfach nur den blöden Knoten aufmachen und ihre Haare offen tragen. Am besten aber gefiel ihr, dass die Lehrerin die Kinder wirklich gern hatte und keinen Unterschied machte. Egal, ob es Jenische, Sinti, Polen oder Deutsche waren.

Wenn sie nur nicht so streng gewesen wäre. Es gab nämlich auch Strafen, wenn ein Kind ungehorsam war: mit dem Rohrstock was auf die Finger oder einsperren in die Besenkammer. Das war für alle Kinder das Allerschlimmste. Einmal musste auch Angela in die Finsternis. Weil sie frech gewesen war und Widerworte gegeben hatte.

Weil die Großen an jenem Tag einen Aufsatz schrieben, schickte Fräulein Hägele die Erstklässler auf den Hof. Sie hatte ihnen wieder einmal etwas zum Buchstabieren aufgegeben. Jedes Kind sollte aus kleinen Buchenstöckchen seinen eigenen Namen zusammensetzen. Angela hatte große Mühe, aber mit Hilfe einer älteren Freundin schaffte sie es am Ende, ihren Namen auf die Steintreppe zu legen: ANGELA REINHARDT.

Sie war sehr stolz und betrachtete die beiden Wörter immer wieder. Das war ja sie. Sie höchstpersönlich. Ihr Name.

ANGELA REINHARDT.

Fast wie gedruckt sah es aus. Doch Fräulein Hägele lobte sie nicht wie die anderen, sondern kniff sie in die Wange und sah sie sehr streng an: »Falsch, Angela. Wie heißt du?«

»Angela Reinhardt.«

»Falsch!! Den *richtigen* Namen!« Sie zog etwas fester. »Wie du richtig heißt! Angela . . . na? Wie?«

»Reinhardt!«

»Nein!« Mit einer Hand wischte die Lehrerin den Namen, mit dem sie so viel Mühe gehabt hatte, beiseite und ordnete die Stöckchen neu: »Schwarz. Angela Schwarz!«

»Nein. Das stimmt nicht!«, sagte Angela trotzig und machte es wie die Lehrerin. Mit dem Fuß brachte sie alle Buchstaben durcheinander.

Zur Strafe musste Angela in die Besenkammer. Eine Schwester führte sie am Nachmittag hinein und setzte sie auf einen Schemel. Angela kam sich vor wie eine Verbrecherin. Dann drehte die Schwester den Schlüssel von außen um und ging einfach davon. Da saß sie nun, in der schwärzesten Finsternis, die sie je erlebt hatte, zwischen Besen, Putzeimern und ekligen Scheuerlappen. Vor lauter Angst musste sie weinen, schlief dabei ein und hatte einen wunderschönen Traum. Sie träumte, dass sie eine Indianerin wäre, die zusammen mit einem jungen Häuptlingssohn auf einem weißen Pferd über die Prärie galoppierte.

Wie lange sie so im Dunkeln saß, wusste sie nicht. Erst als sie der Schwester durch die Tür hindurch versprochen hatte künftig keine Widerworte mehr zu geben und ihr immer zu folgen, durfte sie wieder ans Licht.

Wie geblendet rieb sie sich die Augen. Waren es Stunden? Oder war eine Nacht dazwischen gewesen? Angela kannte noch keine Uhrzeit. Im Wald hatte sie sich immer nach der Sonne gerichtet. Oder Tiere beobachtet. Die Vögel weckten sie immer zur gleichen Zeit und verrieten, wie das Wetter wird. Bevor der Regen kam, schwebten die Schwalben tief über dem Boden und der Regenvogel ließ sich hören. Wenn es aber schönes Wetter geben sollte, flogen die Schwalben in die höchsten Höhen. Dann wusste ihr Vater schon am Abend: »Morgen gibt es schönes Wetter! Frauen, haltet euch bereit! Ich weiß, wo es Blaubeeren gibt.«

Manche Kinder konnten sich kaum noch an ihre Eltern erinnern. Sie waren ihnen vor allzu langer Zeit von der Nazipolizei fortgenommen worden. Die Väter hatte man nach Dachau, Buchenwald und Sachsenhausen verschleppt, die Mütter zumeist nach Ravensbrück in das Frauenkonzentrationslager. Anfangs hatten die Schwestern noch Postkarten der Eltern ausgeteilt, auf denen mit Bleistift geschrieben war, dass es ihnen sehr gut gehe im Lager und dass sie bestimmt bald alle wieder beieinander sein würden.

Irgendwann kamen diese Karten nicht mehr. Andere mussten zum Heimleiter ins Büro. Pfarrer Boldt sagte ihnen, dass ein Totenschein gekommen, dass ihr Vater oder ihre Mutter im KZ verstorben sei.

Ein größerer Junge, der schon als Knecht im Dorf arbeitete, bekam sogar ein Paket. Darin war eine Blechbüchse mit Asche. Und ein vorgedrucktes Schreiben vom Konzentrationslager Ravensbrück. Das sei seine Mutter. Elisabeth R., geborene P. – Todesursache: Herzschwäche. Der Junge wollte es nicht glauben. Er tobte und schrie den ganzen Tag. »Nein! Nein! Nein! Das ist überhaupt nicht ihre Asche!«

Die Schwestern versuchten ihn zu beruhigen und Pfarrer Boldt meinte, dass das Verbrennen der Toten sowieso nicht christlich sei. Trotzdem nahm er die Büchse und ließ sie an der Kirchhofsmauer vergraben. So hatte die Mutter des Jungen wenigstens ein Begräbnis.

Später kam keine Asche mehr in die St. Josefspflege.

Schließlich auch keine Postkarte mehr. Und mit der Zeit dachten fast alle, dass sie nun wohl Waisenkinder seien.

So hatte jedes Kind einen tiefen Schmerz.

Und obwohl sie einander trösteten – ihre Wunden brachen immer wieder auf.

Oft hörte Angela des Nachts im Schlafsaal ein leises Schluchzen, mal hier, mal da. Am nächsten Morgen jedoch, wenn die Sonne durch die Fenster schien, waren alle wieder ganz normale Kinder, schrieben ihr Diktat bei Fräulein Hägele und spielten, wann immer es ging. Am liebsten Hinkekasten und Fangen: »Krieg dich – kriegst mich nicht!« Oder Verstecken: »Hinter mir und vorder mir gibt es nicht! Eins – zwei – drei. Ich komme!«

Mit der Zeit gefiel es Angela immer besser in der St. Josefspflege. Die Umgebung war lieblich und nicht so rau wie die Alb. Eine sanfte, hügelige Landschaft mit Obstwiesen und Weinbergen. Die Jagst schlängelte sich durch die Wiesen und im Sommer durften sie in ihren grünen Wellen sogar baden. Aber nur, wenn eine der Schwestern dabei war.

Nicht weit von ihrem Badeplatz führte eine Holzbrücke über den Fluss. Es handelte sich um eine besondere Brücke. Sie war überdacht. Am Ende des Dachs war eine Tafel angebracht, auf die eine Sanduhr, ein Kreuz und ein Totenkopf gemalt waren. Darunter stand ein Spruch, der Angela in all den Jahren nicht mehr aus dem Kopf gehen wollte: »Wanderer, irgendwann schlägt auch dir die Stunde!«

Die Brücke wurde ihr Lieblingsplatz und bald schon gewann sie eine besondere Bedeutung für ihr Leben. Immer wieder, wenn sie Freistunde hatte, lief sie über die Brücke, bis zur Mitte, beugte sich über das Geländer und schaute den Wellen zu, die da unten rauschten. Wenn es keiner merkte, spuckte sie auch schnell mal hinein und beobachtete, wie sich ihre Spucke im Wellenschaum verlor. Vielleicht wurde sie ja mitgenommen von den Wassern bis ins große Meer, in das schöne, freie Land, in dem es keine Nazis gab. Und in dem alle Kinder immer bei ihren Eltern bleiben durften.

Wenn Angela die Brücke überquert hatte, stand sie vor einer kleinen Kirche. Das war die St.-Anna-Kapelle. Die Kinder gingen einmal in der Woche mit der Schwester in die Kapelle hinein, knieten nieder, legten die Hände zusammen und sprachen ein kurzes Gebet.

Vorne an der Wand hingen viele kleine Täfelchen mit der Aufschrift *Die heilige Anna hat geholfen!*. Deshalb betete auch Angela dort für ihren Vater und ihre Mama. Und hoffte auf ein Wiedersehen.

Wenn die Kinder ihr Gebet beendet hatten, durften sie spielen. Vor der Kapelle waren Steintreppen, die zu einem Brunnen führten. Manchmal quakte dort ein Frosch. Und im Sommer sonnten sich kleine Salamander auf den Stufen. Die Kinder wollten sie fangen, aber im letzten Moment witschten sie immer blitzschnell davon.

Abends saßen oft alle zusammen auf dem Hof und schälten Kartoffeln. Manchmal auch gekochte Kartoffeln. Das tat Angela am liebsten, denn dabei konnte sie sich heimlich ein Stückchen Pelle in den Mund schieben. Wie damals in den Wäldern, wenn sie mit ihren Eltern am Feuer gesessen und sich in der Glut eine Kartoffel geröstet hatte.

Denn obwohl es in der St. Josefspflege alles in Hülle und Fülle gab, das Essen war knapp und dürftig.

Der Hunger war ihr ständiger Begleiter. Wenn der Metzger kam und einen Ochsen, ein paar Schweine oder Schafe schlachtete, fiel nur selten etwas ab für die Kinder. Es hieß, das Fleisch, die Milch, das Gemüse und das Brot seien für die SS in Crailsheim oder die Soldaten in der Kaserne bestimmt. Oft wurde eine graue Brotsuppe ausgegeben, vor der sich alle ekelten. Die Kinder mussten immer erst die kleinen weißen Madenwürmer herausfischen. Manchmal gab es auch Sago, zu einem dicken Brei gekocht, oder rote Rüben mit Kartoffeln.

Bronisiawa, eine polnische Zwangsarbeiterin, arbeitete in der Küche und kochte für die Kinder. Sie war ziemlich mollig und Franz Rypka, ihr Mann, arbeitete als Knecht auf dem Feld und in den Ställen. Sie hatten vier Söhne und eine kleine Tochter, etwa drei Jahre alt, mit blonden Locken und wunderschönen blauen Augen. Das Mädchen hieß Priska und war Angelas Liebling. Alle Kinder mochten sie. Aber für Angela war sie mehr: ihr Herzenskind, ihre kleine Freundin und Schwester zugleich. Sie nannte sie »Prinzessin Priska«, kämmte ihr goldenes Haar oder spielte Ball mit ihr. Wenn Priska nicht mehr laufen wollte, trug Angela sie im Hof herum.

Es gab noch andere Freundinnen, mit denen sie sich gut verstand, Maria, Rosa und Scholastika. Und von den Jungen mochte sie den großen Bruder von Luana, den Siegfried, am liebsten. Er war ihr Beschützer.

Einen größeren Beschützer konnte man nämlich sehr gut gebrauchen im Heim. Zum Beispiel, wenn sie sich mal zankten. Meistens ging es dabei nur um Kleinigkeiten: Wer das Spiel gewonnen hatte, wer manchmal mogelte, wer ein Spielverderber war, wer am besten Zöpfe flechten konnte. Wer das schönste Kleid hatte. Oder das größte Stück Seife.

Einmal bekamen sie eine Schwimmseife, die war ganz gelb. Einer von den größeren Jungen meinte, sie sollten sie besser wegwerfen. Sie sei aus Menschenknochen hergestellt, und wer sich damit wasche, den würde der Mulo holen, der Totengeist. Die älteren Kinder erzählten so manches vom KZ. Meistens ging es dabei um Juden. In Polen würden diese armen Menschen von den Nazis in Gaskammern erstickt und hinterher in Öfen verbrannt. Auch ihre kleinen Kinder.

Angela mochte solche Geschichten nicht. Wahrscheinlich wollten sich die Großen nur wieder mal wichtig tun vor den Kleinen und ihnen Angst machen. Außerdem waren sie ja keine Heiden wie die Juden, sondern gute Katholiken. Der Heilige Vater in Rom würde schon auf sie achten. Das hatte Appolonia auch immer gesagt.

Im Winter war es die größte Freude der Kinder, wenn sie mit den Schwestern zum Schlittenfahren gehen durften. Meistens zogen sie vom Heim aus über die Jagst die Hauptstraße hinauf: eine fröhliche Kinderschar mit zwei oder drei schwarzen Nonnen im weißen Schnee. Ganz oben in den Weinbergen machten sie Halt und rodelten dann zu zweit oder zu dritt die Ringelstraße hinunter. Angela war stolz, dass sie bald schon lenken durfte. Manchmal auch mit einer Schwester auf ihrem Schlitten.

Vom Krieg erfuhren die Kinder nur wenig. Außer dass die Russen und der Churchill ihre Feinde seien und der Jude an allem schuld. Alle sagten das. Auch der Herr Pfarrer.

Manchmal gab es Fliegeralarm, wenn die Bomber in Richtung Künzelsau, Crailsheim oder Heilbronn flogen. Dann mussten die Kinder mit den Schwestern schnell die Treppen runter in das Kellergewölbe flüchten, egal, ob bei Tag oder bei Nacht. Da saßen sie stundenlang in dem großen Vorratskeller, in dem auch die knusprigen, frisch gebackenen Brote lagen, die saftigen Äpfel und die geräucherten Schinken. Und wie das duftete! Das war die größte Qual. Den Kindern lief ständig das Wasser im Munde zusammen. Alles war da, zum Greifen nah, alle Köstlichkeiten, die sie niemals oder nur selten bekamen. Ein richtiges Schlaraffenland. Doch die Schwestern achteten streng darauf, dass nichts stibitzt wurde. Das sei alles für die tapferen Soldaten an der Front, sagten sie.

Als sie größer geworden war, wurde Angela für die Morgenstunden vor dem Unterricht und für den Nachmittag zur Arbeit eingeteilt. Manche Kinder arbeiteten auf den Feldern, andere in den Ställen, wieder andere in der Waschküche oder in der Bäckerei. Die einen mussten das Vieh füttern, die anderen melken, die dritten die Ställe ausmisten. Im Sommer halfen sie bei der Heuernte und im Herbst beim Kartoffellesen.

Zuerst musste Angela Schlehen suchen.

Vor Mulfingen gab es große Geröllhalden mit Sträuchern und Hecken. Dazwischen wuchsen Schlehen, Hagebutten und wilde Stachelbeeren. Mit den Stachelbeeren durften sie ihren größten Hunger stillen. Doch am Ende waren ihre Hände und Arme blutig gekratzt von den Dornen. Auch Brombeeren, Heidelbeeren, Mohn und viele Heilkräuter sammelten sie unter Aufsicht der Schwestern. Die kochten dann später Marmelade daraus, stellten Likör, Arznei, Saft oder Sirup her. Für die Kleineren war das noch ein Spiel, doch die Größeren stöhnten oft über die harte Arbeit und fielen abends todmüde in ihre Betten.

Als Angela ungefähr neun Jahre alt war, kam eine Schwester und sagte: »Anscha, du hast Besuch.«

»Was? Wer?«

Die Schwester zuckte die Achseln. »Ein Mann und eine Frau.«

Zuerst dachte Angela an ihre Stadtmutter. War der Stiefvater mit dabei? Lange hatte sie nichts mehr von sich hören lassen.

Die Schwester führte sie in den Werkraum. Doch wer saß da? Angela mochte es kaum glauben, es war wie ein Wunder. Die heilige Anna hatte geholfen. In den viel zu kleinen Schulbänken saßen ihr Dada und ihre Mama.

Angela stürzte auf sie zu, klammerte sich an den Kittel ihres Vaters und setzte sich auf seinen Schoß. Zuerst konnten sie gar nichts reden. Sie drückten sich aneinander, streichelten sich und weinten einfach nur. Vor Freude und Schmerz. Drei lange Jahre hatten sie sich nicht mehr gesehen. Und Angela sagte immer wieder: »Dada, bitte, nimm mich wieder mit!«

Als sie sich wieder gefasst hatten, griff Franz Reinhardt in die Jackentasche und gab seiner Tochter ein Segelschiff. Es war schöner und größer als alle, die er ihr früher in den Wäldern geschenkt hatte.

Dann schüttelte er traurig den Kopf und sagte: »Ich darf dich nicht mitnehmen, meine liebe Tochter. Wir sind ja selbst in größter Gefahr. Im Heim aber stehst du unter dem Schutz Gottes und der Kirche.«

Künftig wolle er immer in ihrer Nähe bleiben, damit

er sie öfter besuchen könne. Aber nicht in der St. Josefspflege. Das wäre zu gefährlich.

»Du kennst doch die kleine Kapelle an der Brücke. Komm dorthin, wir warten auf dich. Sei aber vorsichtig, dass keiner was merkt!«

Noch einige Male traf Angela ihren Vater und ihre Mutter, am verabredeten Tag zur verabredeten Stunde, bei der Wallfahrtskapelle der heiligen Anna. Die große Kirchturmuhr zeigte ihr die Zeit, zu der sie sich heimlich davonstehlen musste. Nur ihre Freundin Maria wusste Bescheid. Und Schwester Agneta. Schwester Agneta würde bestimmt nichts verraten. Sie wolle das alles sowieso nicht so genau wissen, hatte sie ihr einmal erklärt und dabei mit den Augen gezwinkert. Angela sagte dann einfach, ihr sei so schlecht, dass sie Schmerzen im Kopf oder im Bauch habe.

Als sie ihre Eltern das letzte Mal sah, weinte ihr Vater so sehr, wie sie ihn noch nie hatte weinen sehen. Und auch ihre Herzensmutter hatte Tränen in den Augen.

»Es wird immer schlimmer für uns Sinti«, sagte Franz Reinhardt. »Die Nazis haben wieder ein Gesetz gemacht gegen uns. Auschwitz! Jetzt geht es um Tod oder Leben.«

Angela versuchte ihren Vater zu trösten und drückte sich, so fest sie nur konnte, an ihn. Da zog er mit den Lippen seinen Ring vom Finger, sah sie lange an und legte ihn in ihre Hand. »Als Andenken, meine liebe Tochter. Pass gut auf ihn auf!«

Zum Abschied küssten sie sich und wollten sich nicht mehr trennen. »Nimm mich doch bitte mit, Dada! Nimm mich mit!«, bettelte Angela wieder und wieder.

Doch ihr Vater schüttelte den Kopf. »Vielleicht das nächste Mal. Heute geht es nicht. Überall sind Nazis. Sogar mit Hunden machen sie jetzt Jagd auf uns!«

Angela sah ihren Eltern noch lange nach, wie sie durch den tiefen Schnee davonstapften, immer kleiner wurden und schließlich im Schneegestöber verschwanden.

Als ich die rotblonden Haare sah, erkannte ich sie sofort wieder: Es war die Frau, die mich damals in Hechingen untersucht hatte. Die Rassenforscherin Eva Justin. Wir Kinder wurden von ihr angelockt und als Versuchskaninchen für ihre Doktorarbeit missbraucht. Auch ich wurde fotografiert und gefilmt. Auch ich musste diese dummen Spiele mitmachen und habe Brausepulver und Schokolade dafür gekriegt. Schokolade! So etwas Gutes gab es damals ja überhaupt nicht, im Krieg. Damit wollte sie sich nur einschmeicheln bei uns Kindern.

Damals konnte ich mir überhaupt nicht vorstellen, dass diese Frau uns alle weghaben wollte. Und dass die Nazis schon längst unseren Tod beschlossen hatten, die »Endlösung«, die Ermordung aller Sinti.

Die rote Frau

Angela lief ins Heim zurück, warf sich aufs Bett, vergrub den Kopf im Kissen und war trauriger als je zuvor.

Einzig zu Schwester Agneta hatte sie Vertrauen und sagte: »Ich habe meine Eltern getroffen und mein Vater gab mir diesen Ring zum Abschied.« Schwester Agneta lächelte, legte den Zeigefinger auf die Lippen und bewahrte den Ring für sie auf.

Es war das letzte Mal, dass Angela ihren Vater und ihre Mutter sah. Trotzdem ging sie auch weiterhin jede Woche zur verabredeten Zeit zur Kapelle. Sie hoffte so sehr ihre Eltern noch einmal wieder zu sehen. Aber sie kamen nicht.

Eines Tages ging ein Geraune und Gewisper durchs Heim: Die Lolitschai kommt, die Lolitschai. Es klang nicht fröhlich, eher geheimnisvoll und auch ein bisschen ängstlich. Angela wusste, dass »Lolitschai« ein Romanes-Wort war und »rote Frau« bedeutete. Aber sie konnte nicht ahnen, wer damit gemeint war. Doch als sie die rotblonden Haare der jungen Frau sah, erkannte Angela sie sofort wieder. Es war Eva Justin, die Rassenforscherin, die sie in Hechingen von Kopf bis Fuß vermessen und zum »Zigeunermischling plus« erklärt hatte. Hinter ihr stand ein Mann. Er hatte nur wenige Haare und trug einen Fotoapparat.

Alle Kinder mussten sich im Hof versammeln und Schwester Eusebia stellte die Besucherin vor. »Kinder, dies ist das Fräulein Justin. Sie ist extra aus der Reichshauptstadt Berlin zu uns gekommen. Sie will nämlich eine Untersuchung mit euch machen und eine Doktorarbeit schreiben. Über euch Zigeunerkinder und unsere Erziehung hier im Heim. Dazu braucht sie eure Hilfe. Ihr müsst dazu alles tun, was sie euch sagt.«

»Latscho diwes!« Eva Justin begrüßte die Kinder und erzählte auf Romanes, was sie mit ihnen vorhatte.

Die Frau spricht ja unsere Sprache! Warum darf die das? Angela sah sich fragend nach der Schwester Oberin um. Das ist doch verboten im Heim! Warum macht die das?

Doch der Pfarrer und die Schwestern hatten sich schon ins Haus zurückgezogen.

Das Fräulein war jetzt mit ihnen allein. Sie sagte, dass sie mit den Kindern zusammen Spiele und Wettkämpfe veranstalten wolle, dass es viele Preise zu gewinnen gebe, dass alle eine Belohnung bekämen und schulfrei.

Doch keines der Kinder jubelte. Scheu war eines nach dem anderen vor der Frau zurückgewichen.

Eva Justin rückte sofort wieder näher und ging vor den Kleinen in die Hocke. »Und von euch mache ich dann wunderschöne Fotos und drehe auch einen Farbfilm.«

»Farbfilm?«, fragte Angela. »Was ist das denn?«

»Wie Kino«, sagte Jani.

Angela wusste überhaupt nicht, was ein Kino ist.

»Ich will aber nicht fotografiert werden! Das dürfen Sie nicht!«, rief Emil und rannte davon.

Die meisten folgten ihm.

Angela und ein paar andere aber waren geblieben.

Fräulein Justin öffnete ihre Handtasche und schenkte jedem ein Karamellbonbon. »Mit euch fange ich gleich morgen an!«

Beim Abendessen herrschte große Unruhe im Speisesaal. »Die hat unsere Eltern untersucht, bevor sie ins KZ kamen! Ich mach da nicht mit«, schimpfte Alois.

»Die spricht ja überhaupt kein richtiges Romanes, das war nur Polizei-Romanes!«, meinte Amalie.

Und Emil sagte: »Die ist eine Schlange. Die soll sich bloß nicht so einschmieren bei uns!«

Aber es gab auch andere Stimmen: »Wir sollten lieber alles tun, was sie sagt, sonst steckt sie uns ins KZ!«

Eva Justin und ihr Begleiter hatten ein schickes Auto mit Fahrer dabei und übernachteten im Gasthaus Krone.

Angela wusste damals noch nicht, dass dieser Begleiter in Wirklichkeit ihr Chef Dr. Robert Ritter war. Er leitete das »Institut für Rassenhygiene«, das mit seinen »Rassengutachten« rund vierundzwanzigtausend Sinti und Roma in Deutschland als »Zigeunermischlinge« ermittelt und zur Vernichtung bestimmt hatte.

Am nächsten Morgen kam die Justin ins Heim, suchte sich ein paar Kinder aus und machte die ersten Testspiele mit ihnen. Sie behauptete, so könne man ihre Intelligenz und Geschicklichkeit messen. Mit einigen der Mädchen spielte sie Mikado, andere mussten währenddessen bunte Glasperlenketten auffädeln. Hinterher schrieb sie ganz genau auf, in welcher Reihenfolge die »Testpersonen« die verschiedenen Farben angeordnet hatten.

»Aber was soll denn das?«, schimpfte die vierzehnjährige Amalie. »Das ist doch Blödsinn. Wir sind doch keine Affen aus dem Urwald.«

Dr. Ritter baute derweil im Hof seine Kamera auf und filmte einige der Jungen beim Schuheputzen. Die Jungen waren erst ein wenig unsicher und verlegen vor der Kamera, dann aber putzten sie wie wild um die Wette und machten Grimassen und spaßige Verrenkungen beim Putzen.

Als Schwester Eusebia das sah, stürzte sie hinzu und gab Emil eine Ohrfeige: »Ihr benehmt euch ja wie Wilde. Lasst das! Die halten euch sonst noch für Affen, die Damen und Herren in Berlin.«

Dr. Ritter lächelte. »Naturkinder! Seien Sie doch nicht so streng mit den kleinen Bastarden, Schwester Oberin.« Dann nahm er das Kamerastativ auf die Schulter, ging zu den Apfelbäumen, richtete die Kamera ein und prüfte das Licht. Als er fertig war, klatschte er in die Hände und rief: »So, und jetzt mal rauf auf die Bäume und Äpfel einsammeln! Fünf Groschen für den Sieger!«

Mehrere Wochen dauerten die Untersuchungen. Mal kam Eva Justin für ein Wochenende, mal für mehrere Tage. Meist übernachtete sie mit ihrem Begleiter im Gasthof Krone. Zweimal jedoch musste ihr im Schlafsaal der Mädchen das Bett gemacht werden. Selbst in der Nacht wollte sie ihre Versuchsobjekte beobachten.

Für die meisten Kinder war der Berliner Besuch einfach nur eine Abwechslung. Und wenn der Unterricht dafür ausfiel, waren sie sogar froh.

Jeden Tag hatte die »Rote Frau« eine neue Idee. Sie veranstaltete Fußball- und Völkerballspiele, Ring- und Boxkämpfe und setzte Geldpreise für die Sieger aus. Und für die jüngeren »Testpersonen« hatte sie auch immer eine »Belohnung« dabei: buntes Brausepulver, mit dem man sich ein Waldmeister-, Himbeer- oder Zitronenwasser zaubern konnte. Oder köstliche Schokolade, die es für Kinder ja eigentlich gar nicht mehr gab, im Krieg. Und mit der Zeit vergaßen sie die tödliche Gefahr, die von den »Rassenforschern« ausging.

Den älteren freilich waren die Testspiele nicht ganz geheuer. »Warum jagen sie uns immer auf die Bäume?«, fragte Adolf. »Warum müssen wir Igel suchen und ständig Beeren sammeln?«

»Vielleicht will die dumme Nuss damit zeigen, dass wir keine richtigen Deutschen sind«, meinte Wilhelm. Und Siegfried ergänzte: »Sondern Affen, Idioten und Waldmenschen.«

Auch der Pfarrer und die Schwestern wunderten sich

über die Versuchsanordnungen und Testspiele der »Lolitschai«. Besonders aber ärgerte sich Fräulein Hägele, dass ihre Erziehungsarbeit überhaupt nicht anerkannt wurde. Im Gegenteil. Eva Justin meinte: »Ihre katholischen Dressurversuche in allen Ehren. Aber das Artfremde dieser Naturmenschen schlägt am Ende doch wieder durch. Lassen Sie doch einfach der Natur ihren Lauf!«

»Aber wollen Sie sich nicht mal die Zeugnisse ansehen? Sogar der Schulrat aus Crailsheim hat . . .«

»Wozu? Ganz im Vertrauen: Das geht nicht mehr lange. Ihre Mühe mit dem rassisch minderwertigen Menschenmaterial können Sie sich wirklich sparen.«

Da wandte sich Gerlinde Hägele zornig ab und machte den ganzen Tag über ein eingeschnapptes Gesicht. Und die Stimmung im Heim wurde immer schlechter.

Als Angela Schwester Agneta fragte, was sie denn eigentlich alle gegen die »Lolitschai« hätten, schimpfte die: »Die verwöhnen euch viel zu sehr mit Süßigkeiten. Von der Schokolade bekommt ihr schlechte Zähne und von dem Brausepulver Bauchweh.«

»Und nicht nur das!«, erregte sich Schwester Roswitha. »Sie schreibt auch schlecht über unsere katholische Erziehung. Das ist doch falsch Zeugnis!«

Auch Angela wurde von Dr. Ritter gefilmt. Beim Spielen auf dem Hof, beim Reigentanz mit den Schwestern und beim Kartoffelschälen.

Eine besonders lustige Testaufgabe lautete: »Herausangeln von Süßigkeiten mit einem Faden aus einer Dose«. Angela war eine der Besten, wurde gelobt und durfte die herausgefischten Süßigkeiten behalten.

Am Abend jedoch hatte sie ein schlechtes Gewissen und musste an die Warnungen ihres Vaters denken. Gerade diese Eva Justin war es ja, vor deren Gutachten ihr Vater damals mit ihr und Appolonia in die schwarzen Wälder geflüchtet war. Lange, bis in die Nacht hinein, lag sie wach und kam sich wie eine Verräterin vor.

Als das Leistungskartoffellesen veranstaltet wurde, gab es erneut große Meinungsverschiedenheiten. Einige weigerten sich mitzumachen und liefen einfach davon. Die Kinder sollten auf dem Acker um die Wette Kartoffeln lesen. »Ich bin doch nicht blöd und schaff was für die Nazis!«, meinte Kajetan, der nach zwölf Eimern aufgab.

Dudela dagegen schaffte 55 Eimer und sagte: »Wenn wir schnell und fleißig arbeiten, ist das doch gut für uns. Dann werden wir vielleicht verschont. Die Faulen kommen ins KZ.«

»Nein, die Fleißigen!«, schrie Wilhelm und hatte plötzlich seine Zornesader und einen puterroten Kopf vor Wut. »Meine Eltern waren fleißig! Gerade deshalb sind sie in den Steinbruch gekommen. Und haben geschuftet, bis sie tot umfielen!«

Eines Tages kam der Berliner Besuch, das »blonde Gift«, wie die Schwestern sie nannten, nicht mehr in die Heilige St. Josefspflege. Eva Justin hatte ihre

Verhaltensexperimente mit den »artfremd erzogenen Zigeunerkindern« abgeschlossen und brachte die Ergebnisse zu Papier: Auf Grund ihrer Rasse seien die Kinder nicht erziehbar, nicht veränderbar und nicht in die deutsche Gesellschaft einzugliedern.

Erst viele Jahre später erfuhr Angela, welche tödliche Konsequenz die Untersuchungen und Gutachten der »Rassenforscher« hatten und wie Recht ihr Vater mit seiner Angst gehabt hatte. In ihrer Arbeit forderte Eva Justin die Auslöschung aller Sinti und Roma und empfahl als ersten Schritt, sie unfruchtbar zu machen: »Das deutsche Volk braucht zuverlässige und strebsame Menschen und nicht den Nachwuchs dieser unmündigen Primitiven.«

Im Frühjahr 1944 war Eva Justins Doktortitel gesichert. Ihre Untersuchungsobjekte, die Sintikinder von der St. Josefspflege, wurden fortan nicht mehr benötigt. Ein Jahr lang waren sie eigens für Eva Justins Studien von den Deportationen in das Vernichtungslager ausgespart geblieben. Jetzt konnten sie »nachgeliefert« werden. Alles Weitere lag in den Händen der SS und anderer Mordgehilfen. Doch davon wussten Angela und die anderen Kinder zunächst noch nichts.

Wenn das Wetter schön war, unternahm Fräulein Hägele manchmal auch kleine Ausflüge mit den Kindern. Zu einer Burg, einem See oder einer alten Wassermühle. Wenn sie dann in Reih und Glied durch den Ort gingen, schauten ihnen die Leute zu und wunderten sich über die hübschen und artigen »Zigeunerkinder«. Dann sangen sie den Bäuerinnen gern mal ein frommes Lied vor, aber auch zackige Soldatenlieder wie »Oh du schöner Westerwald« und »Schwarzbraun ist die Haselnuss«.

Am Tag, als der Schulrat aus Crailsheim zur Inspektion des Heims kam, war Fräulein Hägele sehr aufgeregt. Alle mussten sich in einer Reihe aufstellen, den Arm hochheben und »Heil Hitler« rufen. Für Angela war das diesmal ein großes Problem, weil sie kurz zuvor in der Turnstunde auf die rechte Seite gestürzt war, große Schmerzen hatte und den Arm nicht richtig heben konnte. Der Schulrat ging gleich auf sie zu und musterte sie streng durch seine funkelnde Goldrandbrille. Schwester Roswitha aber riss ihren Arm hoch und schimpfte: »So! So geht der deutsche Gruß!«

Danach sangen sie »Die Fahne hoch!« mit dem Schulrat und den Schwestern.

Der Schulrat freilich hatte sich den Vorfall gemerkt.

Nach dem Singen ließ er sich von der Lehrerin das Schulzimmer, die Klassenlisten und die Zeugnisse zeigen. Erwartungsvoll saßen die Kinder in ihren Bänken und hatten Angst, dass sie aufgerufen würden und ihr Diktatheft vorzeigen mussten. An der Wand hing der Rohrstock, der aber nur selten gebraucht wurde. Nur wenn die älteren Jungen einmal frech waren, gab es Hiebe. Aber nicht von dem zarten

Fräulein Hägele, sondern es musste der kräftige Pfarrer Boldt zu Hilfe gerufen werden. Die Mädchen mussten dann alle auf den Flur raus und hörten nur noch das Geschrei durch die Tür. Was drinnen geschah, hatte Angela ein älteres Mädchen verraten: Die Jungen mussten hinten die Hosen runterziehen und kriegten dann vom Pfarrer zehn oder zwanzig kräftige Streiche auf den Po.

Der Schulrat erhob sich plötzlich, nahm den Rohrstock von der Wand, zeigte auf Angela und sagte: »Vortreten!«

Mit weichen Knien ging sie auf ihn zu und streckte ihm ihr Diktatheft entgegen.

Er blätterte ein wenig darin herum und murmelte: »Ordentlich, für ein Zigeunerkind ganz ordentlich.«

Er gab ihr das Heft zurück und kniff ihr in die Wange: »Nur das deutsche Grüßen muss noch etwas besser gelernt werden. Ab und setzen!«

Jedes Jahr zum Schulabschluss gab es in der St. Josefspflege ein großes Fest. Aber auch Tränen. Für viele der Kleinen hieß es jetzt Abschied nehmen vom großen Bruder oder der älteren Schwester, vom Cousin oder der Kusine. Lange Zeit waren sie ja wie Mütter und Väter für sie gewesen. Auch für Angela, die als Einzige keine Geschwister in der St. Josefspflege hatte.

Am Schulentlassungstag hatten die Jungen ihre beste Jacke und Hose angezogen und sahen fast schon wie richtige Männer aus. Die Mädchen trugen weiße

Kleider und Margeritenkränze im Haar. Und hatten einen ängstlichen Blick. Als müssten sie jetzt gleich heiraten.

Und wenn dann mal so ein Anzug-Junge mit einem Margeritenkranz-Mädchen zusammenstand, liefen Angela und die anderen fröhlich um sie herum und riefen: »Braut und Bräutigam, Braut und Bräutigam!« Und guckten, ob die beiden vielleicht rot wurden im Gesicht.

Am Nachmittag kamen Bauern und Bäuerinnen von weit her in ihren Kutschen vorgefahren und suchten sich die tüchtigsten Mädchen und Jungen für ihre Landwirtschaft aus. Sie brauchten Arbeitskräfte, weil ihre Söhne und Knechte im Krieg waren. Da kamen ihnen die Abgänger aus der St. Josefspflege gerade recht. Sie hatten ja eine hervorragende Ausbildung auf dem Hofgut der Pflege erhalten.

Die älteren Jungen und Mädchen hatten schon jahrelang nebenher in der Landwirtschaft gearbeitet, mit der Melkmaschine die Kühe gemolken, die Schweine gefüttert, die Pferde versorgt, die Ställe ausgemistet, Heu, Getreide, Klee, Rüben und Kartoffeln geerntet. Die Mädchen hatten gestickt, gestrickt, genäht, gekocht, gebacken, gewaschen, geputzt.

Die Bauern prüften ihre Gesundheit, ihre Muskeln und Zähne, schauten die Zeugnisse an, sprachen mit dem Pfarrer und den Schwestern. Und manche Bauern nahmen ihr Schnäppchen noch am gleichen Tag mit auf den Hof.

»Wie die Negersklaven«, sagte Jani, als er den Karton mit seinen Sachen schnürte.

An den Sonntagen aber kehrten viele »Ehemalige« wieder zurück ins Heim. Sie fühlten sich auch weiterhin für die Jüngeren verantwortlich. Waltraud Köhler, Patrizka Georges, Alois Winter, Wilhelm Eckstein, Emil Reinhardt, Siegfried Schneck und andere kamen von weit her angeradelt, um ihren Geschwistern Obst, Speck und frisches Brot zu schenken, das sie sich bei ihren Bauern erarbeitet hatten. Auch für Angela fiel immer etwas ab dabei.

Und natürlich gab es dann auch eine Menge zu erzählen. Zum Beispiel, dass Patrizka großes Glück gehabt habe, weil sie zu einer kinderreichen Familie nach Markelsheim gekommen war. Dort versorgte sie mit der Bäuerin den Haushalt und die Kinder, den Hof, das Vieh und die Felder, weil der Bauer als Soldat in Russland war. Patrizka war sehr beliebt und gehörte fast schon zur Familie.

Ein andermal wurde getuschelt, dass einer der Jungen, den sie Bayerbub nannten, seine große Liebe gefunden habe. Er war ja immer schon der schönste und kräftigste gewesen. Selbst die Backschwester hatte ihn immer so verliebt angeschaut. Angela hatte beobachtet, wie sie dem Bayerbub einmal extra etwas Rosinenbrot zusteckte, die Augen verdrehte und sagte: »Du schwarzer Zigeuner!«

Sein Bauer würde ihn lieben wie einen Sohn, meinte einer der Älteren, und ließe ihm alles durchgehen. Sogar als er den Bayerbub mit seiner Tochter einmal im Heu erwischte. Eigentlich sei solch eine Liebe ja »Rassenschande« und musste mit KZ bestraft werden. Ein »Zigeuner« und eine »Arische«. Der Bauer hätte es der Polizei oder dem Ortsbauernführer anzeigen müssen. Aber da er selbst der Ortsbauernführer und oberste Nazi weit und breit war, drückte er beide Augen zu und wollte seinen besten Knecht nicht hergeben. Aber dies alles war nur ein getuscheltes Geheimnis, das keine Schwester erfahren durfte. Auch der Pfarrer bei der Beichte nicht.

Nicht alle Zusammenhänge konnte die zehnjährige Angela damals schon begreifen. Aber es waren Mosaiksteine, die sie sich später nach und nach zu einem Bild zusammensetzte.

Neben Angela am Tisch saß ein Mädchen, das sie besonders gern hatte: Luana Schneck. Luana hatte lange schwarze Zöpfe und goldbraune Haut. Manchmal kam auch ihr älterer Bruder zum Essen mit und saß ihnen gegenüber. Er hieß Siegfried, hatte gewelltes Haar und eine Locke fiel in seine Stirn. »Zwei richtig rassige Zigeunerkinder«, hatte Schwester Barbara einmal voller Bewunderung zu ihnen gesagt. Auch Angela gefiel Siegfried am besten von allen.

Eines Tages im Januar 1944 saßen sie wieder miteinander am Tisch. Die Kinder hatten ihr Tischgebet gesprochen, die Köchin Josepha teilte die Suppe aus, und gerade wollten sie mit dem Essen beginnen, als die Tür aufging und die Schwester Oberin hereinkam. Sie hatte zwei Mäntel über dem Arm und sagte: »Siegfried und Luana, kommt jetzt. Es ist Zeit.« Die beiden blieben jedoch einfach sitzen, murrten und meinten, dass sie lieber erst noch etwas essen wollten. Die Schwester Oberin aber wurde energisch und zog sie von den Stühlen hoch.

Angela konnte nicht verstehen, warum sie so plötzlich weggehen mussten. »Wo geht ihr denn hin?«, fragte sie, doch Siegfried und Luana konnten ihr keine Antwort mehr geben.

Eine Weile war es totenstill im Speisesaal. Wenig später brummte im Hof der Motor eines Autos auf. »Gestapo«, flüsterte einer. »Auschwitz«, sagte ein anderer. Denn dorthin, das wusste inzwischen jedes der Kinder, kamen seit über einem Jahr alle deutschen »Zigeuner«.

»Unsinn«, schimpfte Schwester Barbara. »Unfug, die Schneck-Kinder kommen zu ihren Eltern.«

Aber die sind doch schon lange tot, dachte Angela.

Meine Rettung verdanke ich einzig und allein Schwester Agneta. Bis heute weiß ich nicht, warum ihre Wahl auf mich gefallen ist. Warum ausgerechnet ich? Es ist mir bis heute ein Rätsel. Ich verstand damals überhaupt nicht, warum die älteren Kinder bei der Abfahrt aus Mulfingen geschrien und geweint haben. Und warum haben einige Kinder Schläge bekommen? Warum, wenn sie doch einen schönen Ausflug machen durften? Ich wäre selbst so gerne mitgefahren. Das können Sie gar nicht glauben, wie gern ich da mitfahren wollte. Die kleinen freuten sich so sehr auf die Fahrt mit dem Bus. Aber Schwester Agneta hat mich gesehen und hat mir gleich eine Ohrfeige gegeben. »Du gehörst nicht dazu!«, hat sie zu mir gesagt. »Sofort rauf in den Schlafsaal, in dein Bett, und lass dich ja nicht mehr blicken!«

Die Ohrfeige habe ich mein Leben lang nicht vergessen. Sie verfolgt mich bis in meine Träume hinein.

Der »Ausflug«

Wenige Tage danach stand wieder ein Mercedes-Auto aus Stuttgart im Hof. Zwei Männer in langen schwarzen Ledermänteln stiegen aus.

Angela und ihre Freundinnen saßen am Tisch und spielten »Mensch, ärgere dich nicht!«, als Schwester Eusebia eintrat und sagte: »Alle, die Reinhardt, Pfaus, Kurz, Georges, Mai, Köhler, Eckstein heißen, sofort raus, auf den Gang runter und in der Reihe aufstellen!«

Nahezu sämtliche Kinder gingen hinaus. Auch Angela. Weil ihr Vater Franz Reinhardt hieß, stellte sie sich mit in die Reihe.

»Ihr macht bald einen schönen Ausflug«, sagte Schwester Eusebia. »Und weil ihr dazu mit dem Bus und der Eisenbahn fahrt, braucht jeder einen Ausweis mit Foto und Fingerabdruck.«

Die Männer hatten sich in den Werkraum gesetzt und nahmen von jedem Kind den vom Reichssicherheitshauptamt vorgeschriebenen Abdruck des rechten Zeigefingers auf das vorgedruckte Formular.

»Wie bei der Kripo, wie ein Gangster!« Der erste Junge, der wieder herauskam, zeigte stolz seinen schwarzen Finger.

Als Schwester Agneta Angela unter den wartenden Kindern entdeckte, nahm sie die Zehnjährige aus der Reihe. »Anscha, du bist nicht dabei. Du heißt Schwarz! Merk dir das. Ein für alle Mal!«

Als die Männer fertig waren –, sie waren tatsächlich von der Stuttgarter Kriminalpolizei – fuhren sie davon und nach einer Weile hatten die Kinder sie fast schon wieder vergessen.

Von dem großen Ausflug aber wurde jetzt immer öfter geredet. Wohin es wohl gehen sollte. In die Berge? An den Bodensee? Zu einem Königsschloss? Angela mochte einfach nicht glauben, dass die Schwestern ausgerechnet sie nicht dabeihaben wollten. Warum? Hatte sie etwas verbrochen?

Die meisten Kinder waren noch nie mit der Eisenbahn gefahren. Angela musste den kleineren von ihrer Zugfahrt mit der Mutter erzählen und alles haarklein erklären. Wie die Sitze sind, ob es richtige Toiletten gibt, wie schnell es geht, ob man etwas essen darf, ob die Fenster auch während der Fahrt geöffnet sind, wie eine Fahrkarte aussieht und wo der Schaffner das Loch reinknipst. In den Pausen spielten die Jungen auf dem Hof Lokomotivführer, Heizer, Schaffner und Bahnhofsvorsteher und die Mädchen waren die Fahrgäste und mussten immerzu ihre Fahrkarten vorzeigen. Dazu sangen sie:

»Auf der schwäb'sche Eisebahne
gibt es viele Haltstatione . . .«

Die Vorfreude war groß.

Wochen später, es war Frühling geworden und im Hof roch es nicht mehr nach dem Mist aus den Ställen, sondern nach Flieder, kam eines Abends Pfarrer Boldt und bestellte alle Kinder, die Fingerabdrücke gemacht hatten, zu sich in die Hauskapelle. In Sonntagskleidern und weißen Strümpfen. Das klang alles sehr geheimnisvoll.

Wieder durfte Angela nicht dabei sein, schlich aber trotzdem den anderen Kindern hinterher. Sie musste durch die Halle und die Treppe hoch, denn die Kapelle war im ersten Stock des Heims. Gern war sie dort. Neben dem Altar stand eine Muttergottes, blau und golden gekleidet und wie eine Königin gekrönt und geschmückt. Vor allem aber hatte diese Maria ein zum Verlieben schönes Gesicht. Zu ihr betete Angela heimlich, wenn sie Heimweh nach ihrem Dada und ihrer Mama hatte.

Angela war ein neugieriges Kind. Das sagten viele. »Vielleicht werde ich später Detektiv und kläre alle Verbrechen auf«, hatte sie einmal zu ihrer Freundin Maria gesagt.

In der hintersten Reihe versteckte sie sich zwischen den Kirchenbänken. Und beobachtete etwas sehr Seltsames: Sie sah, wie der Herr Pfarrer allen Kindern die heilige Kommunion gab. Auch den ganz Kleinen, die noch nicht zur Erstkommunion gegangen waren. Die Barmherzigen Schwestern beteten und sangen. Und eine spielte die Orgel. Angela verstand die Welt nicht mehr. Vor ein, zwei Monaten erst hatte sie selbst wie eine Braut ganz in Weiß neben der Heiligen Jungfrau gestanden. Ihr großer Tag, auf den sie jahrelang so sehnsüchtig gewartet hatte. Und heute mit einem Mal gab es das alles einfach so, umsonst, für alle, ganz ohne Kommunionsunterricht, auch für die ganz Kleinen. Was hatte das bloß zu bedeuten? Das war doch nicht richtig. Und auch nicht gerecht.

Als die Kinder wieder aus der Kapelle herauskamen, strahlte die achtjährige Elisabeth vor Freude und hüpfte auf den Kachelmustern herum. Doch ein älteres, eins von den Köhler-Mädchen, hatte rot geweinte Augen.

»Was ist denn?«, fragte Angela. »Warum kriegen die Kleinen schon die heiligen Sakramente?«

»Notkommunion. Falls ein Unglück passiert . . .«

»Schluss da, weg, auseinander!«, zischte die Schwester Oberin. Sie hatte es an der Hüfte, hinkte herbei und schob Angela davon. »Du gehörst nicht dazu!«

Am nächsten Abend, kurz vor dem Schlafengehen, sagte Schwester Eusebia: »Alle diejenigen, die auf den Ausflug gehen, müssen morgen sehr früh aufstehen. So, und jetzt sprechen wir alle gemeinsam unser Nachtgebet.«

Noch immer glaubte Angela an den Ausflug und dachte voller Groll: Warum nur, warum darf ausgerechnet ich nicht dabei sein?

Am 9. Mai 1944 mussten die Kinder in der Morgenröte alle sehr früh aufstehen. Es war ein herrlicher Frühlingstag. Frischer Tau lag auf den Wiesen und an den Hängen blühten die Obstbäume.

Eigentlich hätte es an diesem Tag im Heim ein großes Fest geben sollen. Denn es war ein besonderes Datum: der Namenstag der Schwester Oberin. Fräulein Hägele hatte ihre Schülerinnen und Schüler extra Gedichte und Lieder auswendig lernen lassen. Auch Angela hatte eins gelernt. Jetzt aber hatte das alles keine Bedeutung mehr.

Missmutig half Angela den kleineren Mädchen beim Zöpfeflechten, beim Kämmen und beim Anziehen. Es war eine merkwürdige Stimmung. Alle waren so aufgeregt und nervös.

Zum Frühstück gab es diesmal etwas Besonderes. Keine eklige Brotsuppe, sondern knuspriges, frisches Brot, Margarine und Erdbeermarmelade. Und heißen, köstlich duftenden Lindes-Kaffee.

Schwester Roswitha ging herum mit einer großen Flasche »Mulfinger Goldwasser«, wie der Lebertran genannt wurde, den sie immer zur Stärkung nehmen mussten. Er schmeckte ekelhaft tranig und es war eine Qual, ihn herunterzuwürgen. Alle mussten einen Esslöffel voll nehmen. Manchen wurde so übel von dem Fischgeruch, dass sie rausrannten.

Als Schwester Roswitha zu ihr kam, sagte Angela trotzig: »Nein danke, ich gehöre nicht dazu!« Und wollte den Löffel wegschieben.

Doch die Schwester sagte: »Gerade du brauchst eine Stärkung, mein Kind!« Und schob ihr den Löffel in den Mund.

Eine andere Schwester zog mit einer Liste von Tisch

zu Tisch und zahlte jedem Kind das von ihm Ersparte aus: ein paar Markstücke, Groschen und Pfennige von der Sparkasse Künzelsau. Von den Eltern geschenkt, von den Kindern erarbeitet. Und manchmal auch eine von der Rassenforscherin ausgesetzte Siegprämie.

»Wozu?«, fragte Andreas. »Wozu brauche ich fünf Mark zweiunddreißig? Ist das für die Fahrkarte?«

»Damit ihr euch unterwegs eine Suppe oder etwas Brot kaufen könnt. Jedes Kind unterschreibt hier, dass es sein Geld bekommen hat.«

»Warum?«

»Damit es seine Ordnung hat.«

Danach ging es nach unten in die große Eingangshalle. Dort mussten sich alle in Zweierreihen aufstellen. Die Schwestern kontrollierten noch einmal das Aussehen der Kinder und zogen den Jungen die Scheitel nach. »Ihr sollt doch nicht aussehen wie die Zigeuner!«

Noch immer hoffte Angela auf das Wunder, doch noch mit auf den Ausflug zu dürfen, und wagte einen letzten Versuch. Sie stellte sich einfach neben ihrer Freundin Maria auf. Aber Schwester Agneta entdeckte sie auch dieses Mal und zog sie aus der Reihe heraus.

»Fort! Fort! Du gehörst nicht dazu!«

»Doch. Ich will aber!« Trotzig schüttelte sie den Kopf.

Und erhielt dafür eine schallende Ohrfeige. Ausgerechnet von ihrer Lieblingsschwester. An deren Rock sie sich gekrallt hatte, wenn sie Angst hatte. Und die ihr die Tränen getrocknet hatte, als sie beim Schlittenfahren gegen die Mauer gestürzt war.

»Marsch, rauf in den Schlafsaal, unter die Decke und Augen zu!« Schwester Agneta hatte plötzlich dunkelrote Flecken im Gesicht.

Langsam, sehr langsam, ging Angela die Treppe hinauf. Sie war richtig wütend. Wütend und traurig. Die Ohrfeige brannte, und obwohl sie durch ihre Tränen nichts sehen konnte, spürte sie, wie alle ihr nachsahen, ihr, die nicht dazugehörte.

»Wir machen einen Ausflug und du nicht!«, rief eine der ganz Kleinen hinter ihr her.

Oben angekommen, wischte sie sich mit dem Ärmel ihrer Strickjacke die Tränen aus den Augen. So eine Gemeinheit! Sie dachte überhaupt nicht daran, sich im Bett zu verkriechen. Etwas Schlimmeres konnte es gar nicht geben: am helllichten Tag ins Bett, schlafen, wenn man überhaupt nicht schlafen konnte, die Wände anstarren und draußen die anderen lachen und spielen hören.

»Du gehörst nicht dazu!«

Es war wie ein Stich ins Herz.

Trotzig riss sie die Fenster auf und schaute hinunter. Die meisten Kinder waren jetzt im Hof und spielten. Nur die Großen ließen auf sich warten. Es ging sehr laut zu.

Alle ihre Freundinnen waren dabei. Nur sie sollte im Haus bleiben. Warum?

Was hatte sie denn getan?

Sie hatte doch auch alle Lieder mit auswendig lernen müssen für die große, lange Fahrt mit der Eisenbahn.

Dann trat Pfarrer Boldt aus der Tür. Hinter ihm standen zwei Schwestern mit Körben. Gemeinsam teilten sie an alle Kinder jeweils ein Stoffbeutelchen aus. Das wird ja immer schöner, dachte Angela, jetzt kriegen die auch noch etwas geschenkt dafür, dass sie mitdürfen. Und zu ihrer Freundin rief sie hinunter: »Heh? Was ist denn da drin?«

Im selben Moment hatte Maria ihr Säckchen schon aufgebunden. Sie nahm einen Apfel heraus, lachte zu ihr hoch und biss so herzhaft hinein, dass Angela das Wasser im Mund zusammenlief.

Dann schaute Maria zu ihr hoch und lachte, als wollte sie sagen: »Siehst du, ich hab einen Apfel und du hast keinen!«

Weihnachten hatte sie auch so einen gehabt, einen von den saftigen grün-roten Winteräpfeln aus dem Keller, die die Obstschwester immer wie ein Kettenhund bewachte.

Danach hielt Maria zwei eingewickelte Frühstücksbrote und eine Hand voll Bonbons zu ihr hoch. »Gutsel! Leberwurst!«, rief sie vergnügt. »Das Brot esse ich später!«

Angela dachte: Wie gern wäre ich dabei. Und hätte auch zwei so schöne Äpfel, die Brote mit Leberwurst und ein paar Zitronendrops. Aber sie ließ sich nichts ansehen. Da musste sie durch. Keiner sollte merken, wie weh ihr das alles tat. Sie lachte, als ob gar nichts wäre.

Maria packte gerade ihre Schätze wieder in den Beutel zurück, als Schwester Agneta auf sie zueilte und sie zur Seite schob. Dabei drohte sie mit dem Zeigefinger zu Angela hoch und schaute so bitterböse, dass ihr ganz schlecht wurde.

Endlich brummte der Bus heran und fuhr auf den Hof. Es war ein Postbus. Sie sah, wie zwei uniformierte Männer ausstiegen. Schutzpolizisten. Schupos in grüner Uniform. Sie hatten Listen in der Hand und wurden von der Schwester Oberin und von Pfarrer Boldt, dem Heimleiter, begrüßt.

Auch der Mulfinger Ortspolizist war gekommen und machte einen Soldatengruß vor den fremden Männern.

Auf dem Hof mussten sich die Kinder noch einmal aufstellen. Sie wurden mehrmals abgezählt. Erst von der Schwester Oberin, dann von den Polizisten. Irgendetwas schien nicht zu stimmen. Die Schupos stellten sich auf das Trittbrett vom Bus und überprüften die Listen.

Die Lehrerin und die Schwestern hatten derweil alle Mühe, die Kinder zusammenzuhalten und zu bändigen. Zusammen sangen sie: »Auf, du junger Wandersmann!«, eins von Angelas Lieblingsliedern. Am liebsten mochte sie die Zeilen:

»Die Berge glühn wie Edelstein,
wir wandern mit dem Sonnenschein.
Lieb Heimatland, ade!«

Einer der uniformierten Männer holte eine neue Liste und las noch einmal alle Namen vor. Und die Kinder mussten laut und deutlich »Hier!« rufen. Es war Angelas letzte Hoffnung. Doch ihr Name war auch diesmal nicht dabei. Keine Angela Schwarz, keine Angela Reinhardt.

Als alle Namen verlesen waren, sagt der ältere der beiden Polizisten: »Also los. Die Zeit drängt. Alles einsteigen!«

Die Kleinen drängelten, waren nicht mehr zu halten, jedes wollte einen Fensterplatz ergattern.

Nur die älteren Jungen und Mädchen blieben vor dem Portal stehen. Wie angewurzelt. Als hätten sie überhaupt keine Lust auf den Ausflug, auf das Busfahren und die schwäbische Eisenbahn.

Plötzlich wildes Getrampel im Treppenhaus, das immer näher kam, hoch zu ihr in den Schlafsaal. Die Tür schlug auf. Köhlers Johanna stürzte herein, rannte zu ihrem Bett, warf sich auf ihr Kissen und schrie: »Nein, nicht ins KZ, ich will nicht sterben, nein!«

Zwei Schwestern stürmten hinter ihr her, wollten sie vom Bett losreißen.

Doch immer fester krallte sich Johanna an ihre Matratze und zitterte am ganzen Leib. »Polizisten!«, schrie sie. »Ich weiß, was das bedeutet! Das ist doch kein Ausflug! Das weiß doch jeder!!!«

Erschrocken verkroch sich Angela unter ihrer Bettdecke. Von Ohrfeigen hatte sie erst mal genug. Dann aber lugte sie doch hervor.

Johanna war kaum wieder zu erkennen. Die immer

so fröhliche, stolze Johanna Köhler, die schon sechzehn war und bei den Bauern im Dorf als Magd half. Sie durfte noch im Heim schlafen, weil sie wie eine Mutter für ihre kleinen Geschwister sorgte.

»Nein, nein! Nicht die Kinder!!« Mit den Fäusten trommelte sie verzweifelt auf ihr Bett. »Nicht nach Auschwitz!«

»Ruhig, still! Wer sagt denn so was?« Inzwischen stand auch die Schwester Oberin an ihrem Bett. Und hinter ihr die Lehrerin Gerlinde Hägele. »Selbstverständlich ist das ein Ausflug! Lass dir von den dummen Buben doch nicht Bange machen! Das sind doch Gruselmärchen!«

Aber Johanna war nicht zu beruhigen. »Nein! Nicht! Ich will nicht sterben«, schluchzte sie. »Ich bin noch zu jung!«

Während sie weiterweinte und wimmerte, sah Angela, wie die Lehrerin und die Schwester Oberin miteinander flüsterten.

»Also gut, Johanna!«, sagte die Schwester Oberin schließlich mit erhobener Stimme. »Damit du beruhigt bist: Ich und das Fräulein Hägele, wir fahren mit. Wir werden euch begleiten!«

Langsam versiegte das Schluchzen. Und plötzlich wurde es sehr still im Schlafsaal.

»Wirklich?«, fragte Johanna und hob den Kopf.

»Ja, gewiss«, sagte die Lehrerin und strich ihr über das Haar. »Kein Grund zur Besorgnis. Wir fahren alle gemeinsam.«

Merkwürdig. Alle wollten sie jetzt Johanna anfassen und streicheln, als sie mit verweinten Augen aus dem Schlafsaal geführt wurde. Als wäre sie eine heilige Johanna.

Angela blieb zurück. Keiner hatte sie bemerkt. Sie spürte, dass irgendetwas nicht stimmte. Sie stand von ihrem Bett auf und schaute zum Fenster hinaus.

Ein paar ältere Jungen wehrten sich noch mit Händen und Füßen. Der Busfahrer kam hinzu und schlug sie, bis sie im Bus waren. Dann schloss er die Tür ab und der Bus fuhr mit den Kindern vom Hof. Eine Weile konnte sie das Brummen noch hören, das immer leiser wurde und schließlich hinter den Bergen verschwand.

Angela setzte sich auf ihr Bett. Es war plötzlich totenstill im ganzen Heim.

In der Ferne bellte ein Hund.

Irgendwann schlief sie ein.

Als sie wieder erwachte, waren die Schwester Oberin und das Fräulein Hägele schon zurück. Aber ohne die Kinder. Was war geschehen?

Beide hatten rot geweinte Augen und saßen mit dem Pfarrer in der Küche. Es kam Angela so vor, als würde eine von ihnen schluchzen. Der Pfarrer redete besänftigend auf sie ein.

Schwester Agneta nahm Angela beiseite und sagte: »Anscha, du kannst dich freuen, du kommst jetzt wieder heim zu deiner Mutter. Ich bringe dich zu ihr.«

Sie wollte sie streicheln, doch Angela entzog sich ihr. »Ich will aber nicht!«

Die Schwester überhörte das. Sie packte Angelas Sachen und sagte: »Anscha, wir fahren jetzt bis Ulm, da bleiben wir über Nacht und am nächsten Morgen holt dich deine Mutter am Bahnhof ab.«

Und so musste auch Angela an diesem 9. Mai 1944 Abschied von Mulfingen nehmen. Sie schaute sich noch einmal in dem leeren Schlafsaal um und dachte an ihre Freundinnen, an Maria, an Rosa, Sonja, Olga, Elise, Sofie und Luana. Aber auch an die Jungen, mit denen sie so oft unten im Hof gespielt hatte, an Adolf, Otto, Amandus, Siegfried und all die anderen. Es war alles so gespenstisch still. Ein Geisterheim.

In Ulm übernachteten wir in einem kirchlichen Haus. Abends, als es Schlafenszeit war, sagte Schwester Agneta: »Angela, knie nieder! Wir beten jetzt für die Kinder.« Wir knieten neben dem Bett nieder und sprachen das Nachtgebet. Danach bat Schwester Agneta den Herrgott um Erbarmen mit den Kindern. Ich verstand das überhaupt nicht. Noch immer glaubte ich an den schönen Ausflug. Deshalb fragte ich: »Warum haben wir denn für die Kinder beten müssen?«

Da schaute Schwester Agneta mir in die Augen, sehr tief und sehr lange. Und sagte: »Angela, sei immer brav, dass du nicht auch dort hinkommst, wo die Kinder hingekommen sind.«

Ich wollte sie noch fragen, ja, wo sind sie denn hingekommen? Aber ich traute mich nicht. Es war eine allzu große Traurigkeit in ihrem Blick.

Es ist Krieg!

Am nächsten Morgen ging Schwester Agneta mit Angela zum Hauptbahnhof. Die Mutter erwartete sie schon. Vier Jahre hatte sich Erna Schwarz nicht mehr um ihre Tochter gekümmert. Jetzt hoffte wohl auch sie auf einen neuen Anfang. Angela aber sah nur die vielen Züge und Gleise. Überall Flüchtlinge und Soldaten. Auf einigen Waggons stand mit großer Schrift: *Räder müssen rollen für den Sieg!* Und an einer Bretterwand las sie: *Luftschutz tut Not!*

Angela stieg mit ihrer Mutter in einen Zug. Aus dem geöffneten Abteilfenster winkte sie der Schwester beim Abfahren zu. Solange Schwester Agneta bei ihr war, hatte sie sich geborgen gefühlt. Trotz ihres seltsamen Verhaltens in den letzten Tagen. Und trotz der Ohrfeige, die nach wie vor in ihrem Herzen brannte.

Das war Angelas endgültiger Abschied von Mulfingen. Vier Jahre hatte sie in der Obhut der »Heiligen St. Josefspflege« und der »Barmherzigen Schwestern« des Klosters Untermarchtal gelebt. Jetzt war sie zehn.

Sie war älter und größer geworden. Nach all den Jahren stand sie nun zum ersten Mal wieder der Mutter gegenüber, die sie ihrem Dada und ihrer Herzensmama entrissen hatte. Niemals würde sie ihr das verzeihen können. Angela betrachtete sie heimlich während der langen Zugfahrt. Sie war ihr fremd geblieben. Warum nur musste sie jetzt wieder zurück zu ihr, zurück in die eisige Kälte?

Unterwegs im Zug sah sie viele arme Menschen. Die meisten waren mager und ihre Kleider zerschlissen. Ihnen gegenüber saß ein junger Soldat mit einem Kopfverband. An der Stirn guckten ein paar goldblonde Haare unter den weißen Mullbinden hervor. Ob er ein Kriegsheld war? Während der Fahrt schaute Angela manchmal zu ihm hinüber. Er war ja so jung und so schön. Fast wie ein älterer Schüler. Da fiel ihr auf, dass der rechte Ärmel seiner Uniformjacke leer war. Sie musste sofort an ihren Vater denken und fragte die Mutter, ob sie wisse, wo ihr Vater ist. Doch Erna Schwarz zuckte nur die Achseln: »Hast du dein Zigeunerleben denn immer noch nicht vergessen?«

Plötzlich war Fliegeralarm. Alle mussten im Zug bleiben. Die meisten krochen unter die Bank, bis das Dröhnen über ihren Köpfen vorbei war. Jeder versteckte sich, so gut er konnte. Nur Erna Schwarz blieb aufrecht sitzen auf der Bank und schimpfte auf die Nazibande. Sie tat es auf Romanes. Auch sie war gegen Hitler und konnte das Dritte Reich nicht ausstehen.

In der Nähe von Friedrichshafen war ein russisches Gefangenenlager. Manchmal ging die Mutter zusammen mit Angela dorthin und brachte den hungernden Menschen ein paar Lebensmittel. Obwohl man es nicht durfte.

Ihre Tochter behandelte sie jetzt freundlicher. Aber wirkliche Herzlichkeit wollte nicht aufkommen.

Schon nach wenigen Tagen sagte Angela: »Ich will wieder zurück nach Mulfingen! Zu den anderen.«

»Im Heim sind schon lange keine Zigeunerkinder mehr«, sagte die Mutter und seufzte. »Die Schwester Oberin hat geschrieben, dass alle nach Polen verlegt worden sind, nach Birkenau.«

»Kann ich auch ins Heim nach Birkenau? Bitte!«

»Nein, sei lieber froh, dass du nicht nach Polen gekommen bist. Schluss jetzt!«

Schlimmer als hier kann es da auch nicht sein, dachte Angela bei sich. Sie ahnte ebenso wenig wie ihre Mutter, was sich hinter dem Namen »Birkenau« verbarg. Mehr denn je aber dachte sie jetzt an ihren Vater und ihre Mama und wünschte sich tausendmal, bei ihnen zu sein. Aber wo waren sie? Wie war es ihnen ergangen? Wo hielten sie sich versteckt? Waren sie noch immer auf der Flucht vor den Nazis?

Bei der Mutter in der Wohnung musste sie das Aschenputtel spielen und ihre kleinen Halbschwestern versorgen. »Anscha, tu dies, Anscha, tu das!«, hieß es den ganzen Tag. Und da sie es vom Heim gewöhnt war, zu folgen, machte sie alles brav und willig. Wie eine kleine Dienstmagd. Eigentlich hätte die Mutter jetzt sehr zufrieden sein müssen mit ihr.

Auch in die Schule ging sie wieder. Ihr Lehrer, Herr Kommer, war ein eingefleischter Nazi. Immer noch mussten sie alle an den »Endsieg« glauben. Angelas

Klasse lernte »Denn heute gehört uns Deutschland und morgen die ganze Welt!« singen. Und vor dem Unterricht mussten sie den Lehrer mit gestrecktem Arm und »Heil Hitler!« begrüßen. Dann fühlte sich Herr Kommer besonders wohl. Wie ein Führer. Unter der Nase trug er so ein Hitlerbärtchen, eine »Rotzbremse«, wie es die Schüler hinter seinem Rücken nannten.

Wieder floh Angela, sooft sie nur konnte, in die Wälder und hoffte dort ihren Vater und ihre Mama zu finden. Wenn sie abends verspätet heimkam, gab ihr die Mutter ein paar Ohrfeigen. So ging es eine Zeit lang. Sie wollte fort, nur weg von diesem engen Zuhause und ihrer lieblosen Mutter.

Eines Tages kam die Erlösung. Erna Schwarz sagte: »Angela, zur Strafe für dein ständiges Ausreißen kommst wieder in ein Heim, und zwar in ein sehr, sehr strenges Erziehungsheim.«

Angela sagte nichts. Am liebsten hätte sie gejubelt. Erna Schwarz packte ihre Sachen, ein Polizist brachte sie nach Donzdorf. Es war ein großes Heim mit vielen deutschen Kindern, lauter Mädchen. Es gab drei Abteilungen: Kinder, Schulkinder und Jugendliche. Jede Abteilung hatte drei oder vier Schwestern zur Betreuung. Angela kam zu den Schulkindern und Schwester Maria Dorothea. Sie hatte große blaue Augen.

Schwester Maria Dorothea wurde ihre neue Lehrerin. Allerdings war sie mit Angelas Leistungen wenig zufrieden und stufte sie zurück in die dritte Klasse.

Als Lehrerin war sie sehr streng, aber immer gerecht. Sie meinte es gut mit den Kindern, deshalb mochte Angela diese Lehrerin sehr. Sie spürte, dass sie viel von ihr lernen würde.

Angela lernte und lernte, bis sie die zweitbeste Schülerin war. Geschichte war ihr Lieblingsfach. Bald wusste sie alles über die Antike, das Mittelalter und die Neuzeit. Nur im Rechnen blieb sie eine Null – sehr zum Kummer von Schwester Maria Dorothea.

Die Lehrerin war sehr musikalisch. Sie spielte mehrere Instrumente: Klavier, Harmonium und Gitarre. Außerdem leitete sie den Schulchor, in dem Angela mitsingen durfte. In der Hauskapelle probten sie, sangen »Salve Regina« und andere lateinische Lieder.

In Donzdorf wurden keine Nazi- und Soldatenlieder gesungen und niemand rief »Heil Hitler!«. Überhaupt wurde dieser Adolf Hitler mit keinem Wort erwähnt. Schwester Maria Dorothea sagte nur, dass viele unschuldige Menschen jetzt flüchten und ihre Heimat verlassen mussten. Daran seien alle diejenigen schuld, die sich von Gottes Geboten abgewandt hätten. Angela konnte sich gut vorstellen, wen sie damit meinte.

Einmal kam eine andere Schwester atemlos in den Unterricht gerannt und sagte: »Der ganze Ort ist voller Flüchtlinge!« Schwester Maria Dorothea fragte die Kinder, ob sie auf ihr Pausenbrot verzichten würden, um es den Armen zu geben? Alle waren begeistert, denn jetzt durften sie ins Dorf, etwas Gutes tun und ihre Brote an die hungernden Menschen verteilen.

Als Angela auf dem Marktplatz die vielen ausgemergelten Flüchtlinge mit ihren Kartons, Koffern, Kinderwagen und Säcken sah, hatte sie großes Mitleid. Andererseits aber dachte sie: Na ja, jetzt sind auch mal andere Deutsche auf der Flucht und müssen herumziehen. Wie die »Zigeuner«.

Angela war noch nicht lange in Donzdorf, als eine Neue ins Heim kam. Das Mädchen war so alt wie sie und schon sehr bald hatten sie sich angefreundet.

Gisela kam aus Stuttgart. Wegen der ständigen Bombengefahr hatte man sie auf die Alb gebracht. »Evakuiert«, wie man damals sagte.

Gisela hatte großes Heimweh, weinte viel und wollte so schnell wie möglich zu ihren Eltern zurück. Angela konnte das sehr gut verstehen. Nachts kroch Gisela manchmal in ihr Bett, obwohl das verboten war. Sie versuchte Angela zu überreden, mit ihr aus dem Heim zu fliehen. Ihre Augen glänzten, wenn sie von Stuttgart sprach. So etwas habe Angela bestimmt noch nie gesehen. Die schönste Stadt der Welt mit vielen Weinbergen und mit einem großen Königsschloss in der Mitte. Aber der König sei leider schon lange gestorben. In Stuttgart wären sie gut aufgehoben, kein Mensch würde sie finden bei ihren Eltern. Und allmählich packte Angela die Lust auf ein Abenteuer.

Eines Nachts, als die anderen schliefen, zogen sie

sich leise an, kletterten aus dem Fenster und rannten weg. Sie liefen die ganze Nacht hindurch.

Morgens erreichten sie Geislingen, gingen zum Bahnhof und mogelten sich in einen Zug nach Stuttgart. Eine Fahrkarte brauchten sie nicht. Sie mischten sich einfach unter die Flüchtlinge und ihre Kinder und fuhren als blinde Passagiere mit.

Als sie in Stuttgart ankamen, sahen sie, dass der Hauptbahnhof kein Dach mehr hatte. Fast die ganze Stadt lag in Schutt und Asche. Verzweifelt suchte Gisela den Weg zu ihren Eltern. Die Flieger hatten alles zerbombt. Frauen in Hosen oder Kittelschürzen standen mit Schaufeln auf den Schuttbergen und räumten Steine und verkohlte Balken beiseite. Kaputte Sofas, Stühle, Fenster und Türen lagen überall auf den Straßen. Die Kinder stolperten über Mauerreste, Bombenkrater und Schuttberge. Aber ohne Häuser konnte Gisela keine Straße mehr erkennen.

Völlig erschöpft, setzten sich die beiden Mädchen auf einen Schutthaufen. Gisela weinte vor sich hin und Angela zählte die Männer, die nur noch einen Arm hatten. Sie kam auf siebenundzwanzig. Die Zeiten hatten sich sehr geändert. Jetzt war ihr Vater nicht mehr der einzige und sein abgefahrener Arm eigentlich überhaupt nichts Besonderes mehr.

Gegenüber auf der anderen Straßenseite waren Reste einer steinernen Hauswand mit Fensterlöchern. In die Wohnungen in den oberen Stockwerken konnte man von außen hineinsehen. Es standen sogar noch ein paar Möbel drin. Von einem anderen Haus war nur die Treppe übrig geblieben. Sie hatte kein Geländer und führte ins Nichts. »Vorsicht Einsturzgefahr!«, stand auf einem Schild.

Auf manche Mauern hatten die Menschen mit Kreide Nachrichten für die Überlebenden geschrieben: »Herr und Frau Bienzle tot!«, »Berta Blank in Sigmaringen«, »Lebe noch, Alfons«, »Püppi tot, Franz im Spital.« »Jetzt Rosengasse 4!«, »Gertrud tot!« An einen verbrannten Baum war ein Plakat genagelt: »Wer plündert, wird erschossen!«

Ein Mann, der nur noch ein Bein hatte, kam auf Krücken herangehumpelt und ließ sich neben ihnen auf dem Schutthaufen nieder. Er hatte sich am Suppenwagen eine warme Erbsensuppe geholt und brach jedem der Mädchen ein Stück von seinem Brotknust ab. Dann löffelte er los. Zwischendurch fragte er Gisela, warum sie denn so weine. Als sie ihm von ihrer vergeblichen Suche erzählte und die Anschrift ihrer Eltern nannte, lachte er. Da hätten sie aber Schwein gehabt, denn genau in diese Richtung müsse er auch. Und schon humpelte er mit ihnen durch die Ruinen.

Das kleine Häuschen an der Steige stand noch. Giselas Eltern freuten sich tatsächlich über ihren Besuch. Sie meinten, den beiden Mädchen könne jetzt nichts mehr passieren in Stuttgart. Die Royal Army habe ja eh schon alles dem Boden gleichgemacht. Und doch geschah noch etwas Schreckliches in Stuttgart.

In dem Haus gab es ein Geheimnis. Oben in der

Dachkammer hielten Giselas Eltern eine Frau mit ihrem kleinen Säugling versteckt. Ob sie eine Jüdin war? Oder eine davongelaufene Fremdarbeiterin? Giselas Eltern hatten nicht lange gefragt in der Bombennacht. Und redeten auch jetzt nicht groß darüber. Sie hielten es für ihre Christenpflicht, den Verfolgten zu helfen.

Angela und Gisela gingen öfters hinauf, brachten etwas Brot und durften zusehen, wie die junge Mutter ihr Kind stillte. Sie hatte lange schwarze Haare und sah ein wenig so aus wie die Maria in der Mulfinger Hauskapelle. Ihr Baby trank mit geschlossenen Augen. So etwas hatte Angela vorher noch nie gesehen. Und plötzlich wusste sie auch, weshalb so ein Baby »Säugling« heißt.

Angela und Gisela waren gerade oben bei der schönen Frau, als sie ein Auto vorfahren und Schritte auf der Treppe hörten. Doch die Mutter konnte sich nicht mehr verstecken mit ihrem Kind. Zwei Ledermäntelmänner rissen die Tür auf und riefen: »Sofort mitkommen!« Das kleine Kind schrie und sie schimpften immer lauter mit der jungen Frau. Sie aber hielt nur immer ihr Baby im Arm, wiegte es aufgeregt hin und her und weinte. Einer von den Ledermänteln riss ihr das Kind weg, der andere packte sie und zerrte sie die Treppe hinunter in ein Auto. Die beiden Mädchen standen hilflos da und zitterten am ganzen Leib. Es ging alles so schnell. Angela fiel plötzlich Johanna Köhler ein, wie sie sich am Tage des Abtransports in der St. Josefspflege weinend an ihr Bett gekrallt hatte. Eine große Angst überfiel sie.

Auch Giselas Eltern hatten rot geweinte Augen und schimpften auf die gottlose Nazibande.

Am Abend sagte Angela zu ihrer Freundin: »Komm, wir gehen lieber wieder zurück ins Heim.«

Aber Gisela wollte nicht. So blieben sie noch vierzehn Tage bei Giselas Eltern, bis eine Fürsorgerin vom Jugendamt kam und sagte: »Ich muss euch wieder ins Heim bringen! Ihr müsst eurer Schulpflicht genügen.«

In Donzdorf erwartete sie eine richtige Moralpredigt. Schwester Maria Dorothea redete sehr streng und auch ein bisschen säuerlich mit ihnen: »Was ist denn bloß in euch gefahren, ihr dummen Mädchen? Es ist Krieg! Versteht ihr das denn nicht? Es hätte euch so viel passieren können. Tut das ja nie wieder.«

In der Schule mussten sie alles nachholen, was sie in Stuttgart versäumt hatten.

Bald kamen die Ferien. Die meisten Mädchen gingen nach Hause zu ihren Eltern. Aber ich wollte nicht. Nicht zu dieser Frau, die mir meinen Vater und Appolonia weggenommen hatte. Ich weigerte mich. »Vier Wochen daheim, nein, nie und nimmer halte ich das aus. Ich will lieber im Heim bleiben. Wie die Waisenkinder, bitte!«

Doch Schwester Maria Dorothea sagte: »Anscha, du musst langsam selbstständig werden. Im Leben darfst du auch nicht nur das tun, was man dir sagt. Du musst selber entscheiden. Also fang bei deiner Mutter an. Wenn dir etwas nicht gefällt, dann sag es ihr!«

Befreiung

Die Mutter holte sie am Bahnhof ab. Vielleicht hoffte auch sie auf einen neuen Anfang. Doch nach wie vor gab es eine Kluft zwischen ihr und der Tochter. Angela half, so gut sie konnte, im Haushalt, befolgte ihre Anweisungen, kümmerte sich um die kleinen Halbgeschwister. Doch die Fremdheit blieb.

Die Mutter hörte viel Radio. Manchmal sogar »Feindsender«, obwohl es verboten war. Hin und wieder gab es auch Fliegeralarm, meistens nachts. Einmal waren es so viele Flieger, dass die Mutter sagte: »Schnell raus! Raus in den Wald!«

Jede nahm eines von den Kleinen an die Hand. Dann rannten sie los. Sie mussten durch einen Sumpf, über den nur ein schmaler Steg führte. Angela hatte große Angst, dass sie mit ihrer kleinen Schwester stürzen und hineinfallen könnte und erst nach tausenden von Jahren wieder herausgezogen würde. In einem Heimatkundebuch hatte sie einmal die Abbildung einer Moorleiche gesehen.

Als sie den Wald erreicht hatten, hörten sie das Dröhnen der Flugzeuge über ihren Köpfen. Mehrere Langstreckenbomber flogen auf Friedrichshafen zu. Die deutsche Flak feuerte pausenlos auf die Flugzeuge. Doch sie trafen nur einen Jagdbomber, der ganz in ihrer Nähe brennend auf einen Bauernhof stürzte. Die meisten Bomben fielen auf die Stadt und auf einige

Fabriken in der Umgebung. Aus der Ferne sah es aus wie ein gewaltiges Feuerwerk. Aber Angela hatte ja in Stuttgart gesehen, welches Leid die Bomber anrichteten, dass sie Tod und Verwüstung über die Städte brachten.

Ängstlich verkrochen sie sich unter den Bäumen. Als Angela mit ihren kleinen Schwestern auf dem Waldboden lag und den Tannenduft roch, fühlte sie sich wohlig und geborgen. Das war ja ihr Kinderbett. Sie musste an das kleine Zelt denken, an die Nächte im Wald, an das knisternde Feuer, an ihren Dada und ihre Mama. Eine große Traurigkeit erfasste sie. Doch diesmal wollte sie stark sein. Sie war ja schon elf Jahre alt. Die Mutter sollte ihre Tränen nicht sehen.

»Bald kommen die Amerikaner! Oder die Franzosen! Die befreien uns von der Hitlerei. Es dauert nicht mehr lange«, meinte Erna Schwarz. »Sie kämpfen schon ganz in der Nähe.«

Und so war es auch.

Schon ein paar Tage später wurde die Befreiung von den Nazis gefeiert. Französische Panzer rollten mit blau-weiß-roten Fahnen durch die Straßen der Stadt. An den Kreuzungen standen Jeeps mit Militärpolizisten. Viele Menschen freuten sich, hängten weiße Fahnen raus, liefen auf die Straße und umarmten die fremden Soldaten. Die meisten kamen aus Algerien und Marokko und hatten eine kakaofarbene Haut. Aber auch ein paar richtig Schwarze waren darunter.

Vor denen fürchtete sich Angela ein bisschen. Den Kindern aber warfen sie Bonbons und Schokolade zu.

Die Franzosen hatten Grammofone dabei, die man mit einer Kurbel aufziehen musste. Dann legten sie Schallplatten auf und tanzten mit den Frauen. Aber auch mit den Kindern. Mitten auf der Straße. Es war eine Musik, wie Angela sie noch nie gehört hatte, weil sie von den Nazis verboten gewesen war. Den Mädchen und Frauen machte es großen Spaß, zu der schrägen Musik zu tanzen. Sie trugen ihre schönsten Kleider, hatten sich die Lippen geschminkt und die Fingernägel rot lackiert. Und manche konnten die dunkelhäutigen Menschen sehr gut leiden.

Wer noch Bilder oder Bücher von Hitler hatte, konnte sie jetzt gegen Nylonstrümpfe oder Dosen mit Schmalzfleisch eintauschen. Angelas Mutter wusch und bügelte für die Offiziere der siegreichen Armee. Sie bekam Zigaretten und Cognac dafür. Das war wie Geld. Weil sie nicht rauchte und trank, konnte sie die Waren gegen wertvolle, seidene Kleiderstoffe eintauschen.

Die Gefangenenlager wurden aufgelöst. Die gepeinigten Kriegsgefangenen und Zwangsarbeiter besuchten Angelas Mutter in ihrer Wohnung, bedankten sich und sangen polnische und russische Lieder mit ihr. Aber manchmal weinten sie auch. Ein KZ-Häftling berichtete von einer der unterirdischen Rüstungsfabriken am Bodensee. Er war ganz mager, hatte fast schon einen Totenkopf, aber sehr schöne, glänzende Augen.

Die meisten seiner Mitgefangenen hatten die harte Arbeit und den Hunger nicht überstanden. Bei Birnau waren ihre Leichen von den Nazis im Wald verscharrt worden. Eine junge Polin erzählte in gebrochenem Deutsch, wie gleich nach der Ankunft im Lager ihre beiden kleinen Kinder umgebracht worden waren.

Die Polen hatten ein großes Bild bei sich. Das stellten sie auf die Straße. Es war ein Bild von Hitler und jeder warf einen Stein darauf, so lange, bis es völlig in Fetzen war. »Massenmörder« und »Kriegsverbrecher« nannten sie ihn.

Die Deutschen dagegen waren sich einig: Die einen waren keine Nazis und die anderen wollten es nie gewesen sein.

Doch nur bei wenigen stimmte das.

Die Franzosen fragten etwas genauer nach und so kam doch noch ein wenig Gerechtigkeit nach Deutschland. Und eine schlimme Zeit für manche, die früher »Heil Hitler!« gerufen und ihre Mitmenschen gequält hatten.

Bevor die Ferien zu Ende gingen, musste Angela noch etwas Entsetzliches mit ansehen.

Einen Tag vor ihrer Abfahrt sagte die Mutter: »Hol uns bitte noch etwas Milch!«

Angela nahm die Kanne vom Regal und machte sich auf den Weg zu dem Bauern, der sie mit Lebensmitteln versorgte. Als sie zum Hof kam, erstarrte sie vor Schreck. »Um Himmels willen!« Da standen fünf französische Soldaten mit Schusswaffen vor dem Bauernhof. Angela hatte Angst und versteckte sich hinter den dichten Hecken. Wenig später fuhr ein Jeep vor.

Aber wer saß da auf dem Rücksitz? Der Mann sah so aus wie der Herr Kommer, ihr früherer Lehrer. Angela war sich zuerst nicht ganz sicher, weil er sich seine »Rotzbremse« inzwischen wegrasiert hatte. Aber an seiner Haltung und seinen Bewegungen erkannte sie ihn am Ende doch.

Die Franzosen zogen ihn aus dem Jeep und stellten ihn an einen Weidenzaun. Angela warf sich flach auf den Boden. Sie wagte kaum zu atmen. Wenig später erschossen zwei der Soldaten den Lehrer vor ihren Augen. Sie sah, wie sein Blut spritzte. Dann hoben sie ihn auf, wickelten ihn in ein Tuch und schleppten ihn beiseite.

Angela traute sich nicht mehr in das Bauernhaus. Sie rannte mit ihrer leeren Milchkanne heim und weinte.

Als sie, zitternd am ganzen Leibe, davon erzählte, schüttelte ihre Mutter nur den Kopf und sagte: »Vergiss das! Es ist besser, du hast nichts gesehen. Der Dreckskerl ist deine Tränen nicht wert. Er war bestimmt ein schlimmer Naziverbrecher. Weine lieber um deine Zigeuner!«

1945. Der Frühling der Befreiung ging zu Ende.

»Lass das Vergangene ruhn. Denk an dich selbst, an dich und deine Zukunft«, rieten die Erwachsenen.

Auch in Donzdorf mussten die Kinder für das zum

Heim gehörige Hofgut arbeiten. Wie in der St. Josefspflege half Angela bei der Heuernte, beim Kartoffellesen, beim Rübenziehen.

Über den Feldern auf der Höhe stand eine alte Stauferburg. Wenn die Mädchen nichts mehr zu tun hatten, kletterten sie in der Ruine umher und spielten Verstecken. Oder Angela setzte sich auf einen Stein, schaute über die wogenden Kornfelder und dachte voll Sehnsucht an ihren Vater und ihre gemeinsame Zeit in den Wäldern. Was war aus ihm und Appolonia geworden? Wo waren sie hingekommen? Kopfschütteln und Achselzucken bei allen, die sie fragte. In Polen? Gestorben? Ermordet? Auschwitz? Keiner konnte ihr eine genaue Antwort geben.

Um die Zigeuner weinen. Die Worte der Mutter gingen ihr nicht mehr aus dem Kopf. War sie wirklich ein Waisenkind?

»Wenn sie noch am Leben wären, hätten sie sich bestimmt längst gemeldet«, erklärte Schwester Maria Dorothea. »Es ist besser, du findest dich damit ab. Am Sonntag können wir in der Kirche eine Kerze für sie anzünden und beten.«

Um die Zigeuner weinen?

So vergingen die Tage. Die Monate. Die Jahre.

Angela zündete noch viele Kerzen an.

Mit der Zeit lernte sie immer besser und mit dreizehn durfte sie manchmal sogar die erste Klasse unterrichten. Wie eine richtige Lehrerin.

Als ihre Schulpflicht endete, war sie nicht glücklich darüber. Sie wollte so lange wie möglich weiterlernen und bei Schwester Maria Dorothea bleiben.

Fortan hatte sie keinen Unterricht mehr. Aber es gab ja noch die Bibliothek. Jetzt begann sie die Bücher regelrecht zu verschlingen. Zuerst las sie Romane, Biografien, aber auch viele Sachbücher. Über fremde Länder, frühere Zeiten, über die Sterne. Über Napoleon und die alten Ägypter. Vor allem aber besorgte sie sich alle Lehrbücher über Stenografie. Das hatte einen besonderen Grund.

Angelas Freundin Elisabeth wollte Stenotypistin werden. Sie besuchte eine weiterführende Schule und lernte dort die Kurzschrift. Ihre Eltern konnten es sich leisten, ihr das Schulgeld zu zahlen.

Wie viele junge Mädchen träumte Elisabeth davon, später einmal in eine große Stadt zu gehen. Als tüchtige Sekretärin käme sie in ein elegantes Büro und könnte dann womöglich ihren Chef heiraten. Angela beneidete sie jetzt schon. Abend für Abend schaute sie in ihre Hefte und guckte sich alles ab. Sorgfältig malte sie die kleinen Zeichen nach. Vielleicht könnte ja auch sie eines Tages ein schickes Bürofräulein werden.

Aber bald hatte sie keine Zeit mehr, zu lesen und zu lernen. Angela kam in die Waschgruppe und musste den ganzen Tag im heißen Dampf stehen, Wäsche waschen, mangeln und bügeln. Das gefiel ihr überhaupt nicht. Abends war sie todmüde und wusste kaum noch ihren Namen.

»Bald geht es ins Leben hinaus«, hatte Schwester Maria Dorothea gesagt. »Dann musst du auf eigenen Füßen stehen. Deine eigenen Entscheidungen treffen. Und dich wehren, wenn man dir Böses will. Aber keine Bange, bestimmt findest du einen Mann, der gut zu dir ist.«

Beim Bügeln gingen ihr solche Worte immer wieder durch den Kopf.

Was hatte sie bei den Schwestern eigentlich gelernt?

Sie konnte kochen, waschen, bügeln, putzen.

Ernten, dreschen, melken, den Stall ausmisten.

»Auch eine tüchtige Magd könntest du werden. Vielleicht heiratet dich mal ein junger Bauer.«

Aber wollte sie das?

Rund waren die Träume, mager der Alltag.

Abwechslung brachten der Kirchgang ins Dorf und sonntags der Spaziergang. Dann gingen sie alle entweder durch den Wald oder zum Scharfenschloss. Angela dachte dabei, jetzt schaut vielleicht ein junger Graf aus dem Fenster. Aber die Fenster im Schloss waren immer dicht verschlossen.

Besonders gern ging sie mit Schwester Amandina zum Einkaufen in den Ort. Die junge Nonne war gerade erst aus dem Kloster zu ihnen gekommen. Angela bewunderte Amandinas himmlischen Gang. Unter ihrer langen Tracht sah man die Füße nicht. Es sah aus, als würde ein Engel über das Pflaster schweben.

Angela war jetzt fünfzehn Jahre alt.

An den Blicken der Männer merkte sie, dass sie kein

Kind mehr war. Einmal, als sie über den Marktplatz gingen, hatten zwei junge Burschen hinter ihnen hergepfiffen. Einfach so.

»Sieh mal, Angela«, sagte Schwester Amandina und lachte. »Jetzt fangen sie sogar schon an nach dir zu pfeifen!«

»Nein, nach Ihnen ... weil Sie so wunderschön sind!« Angela freute sich, dass sie auf diese Weise endlich einmal sagen konnte, wie gut ihr die Schwester gefiel. Auch wenn nur zwei große dunkle Augen, die Stupsnase und die Lippen im weiß umhüllten Gesicht zu sehen waren.

»Ach was, nach dir, du Schöne!«, erwiderte Amandina. »Glaub mir. Nach einer Nonne pfeift man nicht.« Und nach einer Weile setzte sie hinzu. »Schnickschnack! Komm, wir wollen doch nicht eitel sein.«

Es kamen immer wieder neue Mädchen ins Heim. Ein Mädchen erzählte mir, sie wüsste, wo Zigeuner seien. Irgendwo am Bodensee würden welche leben. Korbflechter und Scherenschleifer. Sie sei schon oft bei ihnen gewesen. Ich war sofort hellwach. Erwacht aus einem schrecklichen Alptraum, den ich jahrelang beiseite geschoben hatte.

Hatten die Nazis doch nicht alle Sinti ermordet? Gab es Überlebende? Gab es Hoffnung, meine Eltern wieder zu finden? Waren die Kinder aus der Josefspflege vielleicht doch noch aus Polen zurückgekehrt?

Die Ungewissheit ließ mir keine Ruhe. Noch am selben Abend packte ich meine Sachen und stieg heimlich aus dem Fenster in den Garten hinab.

Gefunden

Zuerst ging Angela nach Friedrichshafen zu ihrer Mutter. »Weißt du, wo ich noch Sinti finden kann?«

»Sinti?« Erna Schwarz sah sie erschreckt an und legte die Hand vor den Mund. »Aber Anscha, du weißt doch, was mit den Zigeunern geschehen ist. Oder?«

Die Mutter erzählte, dass sie schon vor Jahren, gleich nach Kriegsende, in Burladingen angerufen und bei der Polizei nach dem Schicksal von Angelas Verwandten gefragt habe. Aber die ganze Familie Reinhardt sei im Konzentrationslager Auschwitz gestorben, hatte man ihr geantwortet.

»Gestorben?«

»So hat es der Mann auf der Polizeistation gesagt. Auf jeden Fall tot.«

Angela schüttelte den Kopf: »Das glaub ich nicht. Niemals glaub ich dir das!«

Erna Schwarz zuckte die Achseln. »Es bleibt dir nichts anderes übrig. Leider.«

Angela rannte aus dem Zimmer. Erst Tage später beim Abspülen in der Küche wagte sie es, ihrer Mutter die zweite Frage zu stellen.

»Und was ist mit den Kindern aus Mulfingen?«

»Die Kinder?« Erna Schwarz legte die Spülbürste beiseite, nahm einen Lappen und wischte das Becken aus. »Haben dir das deine frommen Nonnen nicht erzählt? Sei froh, dass du einen Schutzengel hattest. Es ist ein Wunder, dass du als Einzige überlebt hast.«

Eine Zeit lang war Angela wie erstarrt. Nein, das hatte ihr keine der Schwestern in Donzdorf erzählt. Keine hatte darüber geredet. Nur manchmal hatten sie über die »schlimme Zeit damals« geklagt oder geseufzt. So, als wäre die Zeit schuld gewesen am Krieg und an den Konzentrationslagern, und nicht die Nazis. Und wie schnell dann immer das Thema gewechselt wurde. »Komm, reden wir über etwas Erfreuliches!«

Aber vielleicht war es ja auch ihre Schuld. Vielleicht hätte sie ja nur hartnäckiger fragen müssen.

»Anscha, tut mir Leid. Ich dachte, du hättest inzwischen in der Schule gelernt, was Birkenau bedeutet.« Die Mutter fasste sie am Arm. »Kein schöner Ausflug war das! Kein anderes Kinderheim! Dein Pfarrer, deine Lehrerin, deine Barmherzigen Schwestern, die ganze katholische Lügenbande – belogen haben sie euch in Mulfingen, betrogen!« Wütend schrie sie es heraus. »Und Birkenau – das war Asche und Rauch! Das waren die Gaskammern und die Schornsteine.« Erna Schwarz klatschte den Lappen in die Spüle und begann sich die Hände abzutrocknen.

Angela meinte, ihr Kopf müsse platzen. Kreuz und quer rasten die Gedanken. Sie verstand plötzlich überhaupt nichts mehr. »Verlegt nach Birkenau«, so hatte es doch der Pfarrer vor wenigen Jahren noch an die Mutter geschrieben.

Birkenau – wie lieblich das damals geklungen hatte. Und immer hatte sie dabei an schlanke weiße Birken auf saftigen grünen Wiesen denken müssen.

Birkenau . . .

Auschwitz-Birkenau.

Asche und Rauch.

Kurz darauf fiel sie einfach um, schlug mit dem Kopf gegen den Steinboden und wurde in ein Krankenhaus gebracht. Zum ersten Mal war Angela richtig krank, hatte hohes Fieber und wollte am liebsten sterben.

Die Ärzte konnten sich die Krankheit nicht erklären. Angela hatte keine Wünsche und keinen Appetit mehr. Kein Lächeln. Und auch keine Wut. Nur traurige, matte Augen, mit denen sie reglos auf die weiß gekalkte Wand starrte.

Dabei sah sie ständig das Totenbett vor sich, auf dem sie in der St. Josefspflege den kleinen Franz Mai aufgebahrt hatten, den Bruder ihrer Freundin. Wie bleich und schön er ausgesehen hatte in seinem Totenbett mit den großen Kerzen um ihn herum. Die Schwestern hatten den Raum mit Blumen ausgeschmückt. Seine drei Geschwister Luise, Karl und Marta knieten vor ihm und hatten die Hände gefaltet. Von der Wand schaute der gekreuzigte Heiland auf ihn herab. Das tote Kind sah aus wie ein Engel. Überall roch es nach Weihrauch. Und dazu das Glockengeläut von der Mulfinger Dorfkirche.

Der kleine Franz war im Winter 1942 an einer Lungenentzündung gestorben. Die Schwestern weinten sehr um ihn. Sie hatten es für eine harmlose Erkältung gehalten. Und der Doktor hatte kein Medikament dagegen gehabt. Aber wenigstens ein Grab und ein Kreuz hatte er bekommen auf dem Mulfinger Kirchhof.

Eines Tages pickte ein kleiner Sperling mit dem Schnabel an die Fensterscheibe, legte den Kopf schräg und sah sie frech an. Immer wieder pickte er gegen die Scheibe. Als wolle er sie aus ihrem Krankenbett herauslocken.

Und mit einem Mal fand Angela ihr Lächeln wieder. Sie fühlte sich gesund und wollte unbedingt zurück zu Schwester Maria Dorothea. Die war ja immer nur gut und aufrichtig zu ihr gewesen. Keine Heuchelchristin. Sie würde ihr bestimmt die Wahrheit sagen.

Aber das war nicht mehr möglich. Inzwischen war ein Brief aus Donzdorf eingetroffen. Ihr erneutes Entweichen aus dem Heim war nicht ohne Folgen geblieben. Die Heimleitung bedaure Angela nicht wieder in die Wäscherei aufnehmen zu können. Ihre Schulpflicht sei ohnehin beendet, die Kirche künftig nicht mehr zuständig. Da wurde ihr klar, dass ihre Kindheit zu Ende war. Dass es keine Rückkehr in die Obhut christlicher Heime mehr gab. Und dass sie sich jetzt selbst eine Heimat suchen musste.

»Und?«, fragte die Mutter. »Wie stellst du dir deine Zukunft vor?«

Angela wusste genau, was sie wollte. »Ich möchte in eine bessere Schule und dort etwas Richtiges lernen. Geht das?«

Erna Schwarz schüttelte den Kopf: »Eine höhere Schule kostet viel zu viel Geld. Das haben wir nicht.«

Also ging Angela erst mal in eine Fabrik, um selbst das Geld für eine weiterführende Schule zu verdienen. »Das kriegst du nie zusammen!«, meinte die Mutter. »Spar lieber für eine Aussteuer! Du bist doch ein schönes Mädchen. Du wirst sowieso bald heiraten.«

Doch für solche Gedanken war jetzt kein Raum in ihrem Kopf. Die Frage nach dem Schicksal ihres Vaters ließ ihr keine Ruhe. Gab es wirklich keine Hoffnung mehr? Wie oft hatte sie nach seinem letzten Besuch in Mulfingen für ihn und ihre Mama zur heiligen Anna gebetet. Warum sollte nicht auch ihr Vater genau wie sie durch ein Wunder überlebt haben? Er hatte doch sonst immer ein Schlupfloch gefunden. Oder einen Schutzengel gehabt.

Nach ein paar Wochen wagte sie einen neuen Versuch. Sie wollte Gewissheit haben. Sie fragte die Mutter nach einem Bild von ihrem Vater. »Du hast doch noch ein Foto, bitte, gib es mir!«

»Wozu?«

»Damit ich ihn suchen kann.«

»Unfug. Es gibt keine Reinhardts mehr, die mit dir verwandt sind. Das weißt du doch.«

Eines Abends, als Erna Schwarz ausgegangen war, holte Angela das Bild von ihrem Vater aus der Kommode. Sie probierte mehrere Schlüssel aus und einer passte. Mit ihm öffnete sie die Schublade, in der das Foto versteckt war.

Mit diesem Bild machte sie sich auf den Weg, ging von Ort zu Ort und fragte, wo die Zigeuner sind. Bei Wasserburg am See war ein großer Lagerplatz. Angelas Herz klopfte bis zum Hals. Wie lange hatte sie das nicht mehr gesehen. Ein paar armselige Baracken standen da, mehrere alte Wohnwagen ohne Räder. Vor einem Autowrack graste ein schönes weißes Pferd. Die Sinti saßen alle um ein großes Lagerfeuer herum. Die Frauen kochten. Ein junger Mann spielte Gitarre und ein älterer Geige. Die beiden hatten Strohhüte auf und lächelten ihr zu. Ein anderer machte Körbe. Wenn sie miteinander sprachen, klang es ihr vertraut wie aus alten Kindertagen und doch verstand sie kaum noch die Hälfte von dem, was sie sagten. Schließlich fasste sie sich ein Herz und ging zu ihnen.

»Darf ich das Pferd einmal streicheln?«

»Ja, gerne«, sagte die alte Frau. »Aber nimm dich in Acht. Es ist blind und schlägt aus, wenn ein *gadscho* in seine Nähe kommt.«

Vorsichtig strich Angela dem Pferd über die Mähne und den Hals. Wie oft hatte sie von einem weißen Pferd geträumt. Sicher, dieses war dürr und alt und blind. Aber es schlug nicht aus, wandte ihr seinen Kopf zu und genoss ihre kleinen Zärtlichkeiten.

Alle waren erstaunt. »Wo kommt denn bloß das Mädchen her?«

Einen Moment lang zögerte sie. Sollte sie diese Menschen wirklich nach ihrem Vater fragen?

»Bist du eine von uns?«, fragte die alte Frau.

Angela nickte, griff in ihre Jackentasche und zeigte das Foto ihres Vaters. »Ich bin seine Tochter.«

Die Frauen waren sprachlos und reichten das Foto herum.

»Ein schöner Mann!«, sagte die Alte nach einer Weile. »So ein schöner, junger Mann . . .«

»Kennt ihr ihn?«

»Natürlich, der Einarmige! Wer kannte ihn nicht?!«

Jeder wusste, dass Franz Reinhardt damals eine kleine Tochter hatte, mit der er in die Wälder geflohen war und sich jahrelang versteckt hatte. Alle waren stolz auf ihn, den Einarmigen, der den Nazis getrotzt hatte und ihnen immer wieder entwischt war.

»Lebt er noch?«

Die alte Frau zuckte die Achseln. »Das weiß der Herrgott! Aber dass du noch lebst! Ein so schönes Kind!« Die Frauen sagten es mit Respekt.

»Und schon eine richtige Frau!« Der ältere Musiker trat zu ihr, ließ seine Geige wie eine Vogelstimme zwitschern und zwinkerte ihr zu. Und schon gehörte sie zu ihnen, bekam einen Becher Kaffee und einen Teller Bratkartoffeln mit Speck.

Ein junger Mann kam mit einem Motorrad angefahren. Er sah sie erstaunt an und ließ sich von den Frauen alles erklären. Immer wieder ging sein Blick zu dem fremden, jungen Mädchen. Insgeheim dachte

Angela, oje!, das wäre einer, in den sie sich verlieben könnte.

Als sie ihm das Foto zeigte, meinte er: »Ich glaube, ich weiß, wo dein Vater ist! In Buchau am Federsee habe ich einen Einarmigen gesehen. Der könnte es sein. Bleib hier, bis ich ihn gefunden habe und zu dir bringe.«

Zwei Tage blieb er fort. So lange durfte sie bei den Mädchen im Wohnwagen schlafen. Vor lauter Aufregung aber konnte sie kein Auge zutun. Ihr ganzes Waldleben zog an ihr vorüber, Bilder, die sie immer wieder geträumt hatte: ihre Flucht, die Angst vor den Nazis, ihr Bett auf der Glut, das Weihnachtsfest im Schnee, die Futterkrippe, aus der sie die Brotreste nahm, der alte Schäfer auf der Alb, ihr weißes Pferd in den Bäumen, der Bauchredner, die Menschenjagd im Heu, die schreienden Kinder, das Versteck unter dem Rock ihrer Mama und das Segelschiff, das ihr Vater geschnitzt hatte. Vor allem aber der Abschied an der St.-Anna-Kapelle. Wie sich die Spur ihrer Eltern im Schnee verlor . . .

Und plötzlich, sieben Jahre danach, standen sie wieder vor ihr. Lebendig und leibhaftig. Der junge Motorradfahrer hatte sie aufgespürt.

»Dada! Mama!«

»Anscha!«

Und schon lagen sich alle drei in den Armen.

Franz Reinhardt war überglücklich und hatte Tränen in den Augen. »Ein Wunder!«, sagte Appolonia

Krämer und drückte Angela an ihr Herz. »Ein richtiges Wunder!«

Wenig später erzählten sie, wie sie kurz nach ihrem letzten Treffen in der St.-Anna-Kapelle von zwei Dorfpolizisten geschnappt worden waren. Appolonia Krämer konnte ein paar Brocken Russisch und überzeugte sie, dass sie zu den Zwangsarbeitern gehörten. Das Russenlager war ein kriegswichtiger Betrieb. Der Aufseher war froh über jeden neuen Arbeiter und fragte nicht groß nach den Personalien. Über ein Jahr lang mussten sie Holzbohlen sägen für die Schienen der Deutschen Reichsbahn.

Die Kriegsgefangenen merkten natürlich, dass die beiden Neuankömmlinge keine Russen waren. Aber auch sie konnten Hilfe gebrauchen und verrieten sie nicht. Sie wussten, dass ihre beiden »Zigeuner« in Lebensgefahr waren. In ihrer von der deutschen Wehrmacht besetzten Heimat hatten die Sondereinheiten der SS damals bereits alle Juden, Sinti und Roma ermordet.

Wenn die deutschen Vorarbeiter etwas von ihnen wollten, schüttelten »Frantisek« und Appolonia einfach nur die Köpfe, machten ratlose Gesichter und sagten: »Nix verstehn!« Dann kam Igor, der Dolmetscher, und übersetzte, was sie zu tun hatten. Das Russische verstanden sie natürlich überhaupt nicht. Aber sie hatten die Befehle ja vorher schon auf Deutsch gehört.

Viele Nächte saßen sie gemeinsam am Feuer und

sprachen über das Vergangene. Auch Angela musste ganz genau erzählen, wie es ihr ergangen war bei ihrer »Stadtmutter« und den Barmherzigen Schwestern.

Franz Reinhardt hatte sofort nach der Befreiung an die St. Josefspflege geschrieben und als Antwort von der neuen Heimleitung eine Postkarte erhalten, dass sämtliche Zigeunerkinder im Mai 1944 nach Auschwitz abgeholt wurden. Nur vier hätten überlebt: Andreas, Amalie, Luise und Rosa.

Seither hatte Franz Reinhardt seine Tochter zu den Toten gerechnet.

Auch seine Eltern und die meisten seiner Geschwister waren in Auschwitz-Birkenau ermordet worden. »Deine Großeltern, deine Onkel und Tanten«, sagte er zu Angela. »Wir Überlebenden sind die Ausnahme.«

Ich bin jetzt 66 Jahre alt. In allen Jahren meines Lebens musste ich immer wieder an die Zeit in der Heiligen St. Josefspflege und den Abschied von den Kindern denken. Ich kam nie davon los. Noch immer sehe ich den Bus vor mir, in den die kleinen fröhlich einstiegen, die älteren Kinder aber weinend und mit Schlägen hineingedrängt wurden.

Wer hat schon um diese Kinder geweint? Und um die anderen Kinder, die in Hitlers Verbrennungsöfen endeten? Ich habe immer wieder um sie weinen müssen, in all den Jahren. Aber sie werden nicht mehr lebendig von meiner Trauer. Zurück bleibt die Erinnerung an eine fröhlich spielende Kinderschar, die von einem schönen Ausflug träumte.

Nachwort

Angela Reinhardt, die Hauptperson der Erzählung, lebt heute in Süddeutschland. Eine Entschädigung für ihre Verfolgung in der Nazizeit hat sie nicht erhalten. Sie lebt in schlichten Verhältnissen, am Rande des Existenzminimums.

Anfang der neunziger Jahre lernte ich sie kennen. Im Rahmen des Projekts *Sinti bearbeiten ihre Geschichte* war ich mit mehreren jungen Sintifrauen auf das Schicksal der Kinder von Mulfingen gestoßen. Für eine Ausstellung und ein Filmprojekt suchten wir Kontakt zu Zeitzeugen, die überlebt hatten.

Von den 39 Sintikindern, die am 9. Mai 1944 aus der St. Josefspflege deportiert wurden, hatten drei ältere Mädchen und ein Junge die Gaskammern von Auschwitz-Birkenau überlebt. Zwei davon, Luise W. und Amalie S., waren bereit über die Fahrt von Mulfingen nach Auschwitz, die Ermordung der Kinder und ihr weiteres Schicksal zu berichten.

Kurz vor der Auflösung des KZ wurden sie und andere Jugendliche vom KZ-Arzt Mengele aussortiert und »heim ins Reich«, in die Konzentrationslager Buchenwald und Ravensbrück, deportiert. Die jungen Menschen waren noch als Arbeitssklaven für die Rüstungsproduktion »verwendbar«. Das war ihre Rettung. Amalie, Andreas, Rosa und Luise hatten gerade noch Zeit, sich von ihren kleinen Geschwistern, Kusinen, Cousins und Spielgefährten zu verabschieden. Dann mussten sie in die Güterwaggons.

Alle anderen Menschen, die zu alt oder zu jung, zu schwach oder zu krank für die Zwangsarbeit waren, wurden kurz nach der Abfahrt der Jugendlichen auf Lastwagen getrieben, zum Krematorium V gefahren und in der Nacht zum 3. August 1944 vergast und verbrannt. 2 897 Sinti und Roma, unter ihnen die 35 Kinder aus der Mulfinger St. Josefspflege.

Eine kleine Sensation war fünfzig Jahre danach der Hinweis auf eine weitere Überlebende, auf Angela Reinhardt, der »wie durch ein Wunder« die Hölle von Auschwitz erspart geblieben war. Schon beim ersten Besuch erzählte Frau Angela Reinhardt, dass sie sich ihre Rettung bis heute nicht erklären könne. Wie bei den meisten Zeitzeugen riss das Gespräch auch bei ihr alte Wunden auf.

In mehreren Interviews und bei den Dreharbeiten zu einem Dokumentarfilm lernte ich die heute über 66-Jährige näher kennen und erfuhr immer neue Einzelheiten über ihr außergewöhnliches Verfolgungsschicksal. Hinzu kamen Archivbesuche, das Studium der NS-Dokumente und der leider sehr spärlichen Unterlagen der St. Josefspflege in Mulfingen. Hier gibt es noch Zeugnisse, Schülerlisten und das bemerkenswerte Schülerverzeichnis, in das die Lehrerin Johanna N. 39-mal unter jeden Kindernamen, mit Lineal unterstrichen, geschrieben hatte: *9. Mai 1944. Eingewiesen nach Auschwitz!* Auch sie kannte das Ziel des vorgetäuschten »Ausflugs«. Und wusste, dass es keine Rückkehr mehr gab. Über den Abschied in Crailsheim, wo sie die Kinder an die Waffen-SS übergeben musste, sagte sie im Gespräch mit Johannes Meister: »Es war dies eine Situation, wo man die Zähne fest zusammenbeißen musste, um nicht loszuheulen . . . Wir mussten hilflos dabeistehen und konnten nichts tun. Das ist das Schlimmste, was einem Menschen passieren kann.«

Umso unverständlicher ist es, dass das Kloster der Barmherzigen Schwestern, das Bistum und die Kirche jahrzehntelang geschwiegen und ihrerseits wenig zur historischen Aufarbeitung beigetragen haben.

Dabei war Mulfingen nicht das einzige katholische Kinderheim, das seine Zöglinge aus der christlichen Obhut in das Vernichtungslager entließ.

Angela Reinhardt wurde, wie wir wissen, als Einzige vor der Deportation gerettet. Als so genannter »Zigeunermischling« war sie ebenso wie die anderen Kinder nach Himmlers Auschwitz-Befehl vom Dezember 1942 für die Vernichtung vorgesehen. Die Ohrfeige der Schwester Agneta bewahrte sie vor dem Abtransport nach Auschwitz. War zumindest dies eine »christliche« Tat?

Die Vermutung liegt nahe, dass die Schwestern einen Fehler in den eigenen Meldelisten nutzten und dadurch wenigstens ein Kind, nämlich die zehnjährige Angela, aussparen konnten. In den teils mit Schreibmaschine, teils handschriftlich geführten Listen der St. Josefspflege war Angela zwar als »Zigeunerkind«, aber unter dem Namen ihrer deutschen Mutter als »Angela Schwarz« geführt worden. Von den »Rassenforschern« und von der NS-Bürokratie dagegen war sie unter dem väterlichen Namen als »Angela Reinhardt« registriert. Diesen Widerspruch könnten die Schwestern und der Heimleiter damals erkannt und genutzt haben.

Angela Reinhardt hat mir ihre Geschichte nicht nur erzählt, sondern auch in zwei Schulheften aufgeschrieben. Woher die Hefte kamen? Ihre Enkeltochter Christina zeigte mir stolz ihren großen Schulranzen. Sie ist bald in dem Alter, in dem ihre Großmutter damals war, als sie ihren Schulranzen in Friedrichshafen in den Fluss warf. Nicht zuletzt für Christina hat Angela Reinhardt ihr Schicksal aufgezeichnet und so die Grundlage für diese Erzählung gegeben.

»Warum habe ausgerechnet ich überlebt?«, fragt sich Angela Reinhardt immer wieder. Wie viele Überlebende des Völkermords leidet sie unter ihrer »wundersamen« Rettung. Schuldgefühle, Angstträume und schwere Depressionen sind die Folge. Spaziergänge im Wald seien ihre beste Therapie gegen die schwarze Traurigkeit. Im Wald fühlt sie sich geborgen, die Bäume nehmen ihr die Angst.

Und wie viele andere Überlebende hat auch Angela R. heute wieder Angst vor rechtsradikalen Gewalttätern, vor Rassismus und Fremdenfeindlichkeit. Lange Jahre hatte sie geglaubt, dass so etwas in

Deutschland nie wieder möglich sein könnte. »Warum lässt die Regierung das zu? Warum duldet sie das?« Dabei sorgt sie sich vor allem um ihre Kinder und Enkel.

Dank schulde ich nicht nur Frau Angela Reinhardt, die in mehreren Gesprächen ihre Erinnerungen wachrief und ihre Aufzeichnungen zur Verfügung stellte.

Während der Recherche im Rahmen verschiedener Projekte erhielt ich darüber hinaus Auskünfte von den Überlebenden Amalie Schaich und Luise Würges. Andere Zöglinge der St. Josefspflege wie Alois Winter, Waltraud Köhler, Wilhelm Eckstein und Emil Reinhardt steuerten als Zeitzeugen ebenfalls wichtige Informationen bei, die in den Text eingegangen sind. Sie arbeiteten als Knechte und Mägde bei Bauern in der Umgebung und konnten ihren Verfolgern entkommen.

Anita Awosusi und Ulrike Bouquet arbeiteten im Rahmen des Projektes *Sinti bearbeiten ihre Geschichte* mit dem Verfasser bei der Recherche zusammen. Richard Reinhardt, der Ehrenvorsitzende des Verbandes Deutscher Sinti in Rheinland-Pfalz, stellte ebenso wie Hildegard Lagrenne wichtige Kontakte zu Überlebenden her. Darüber hinaus war das Dokumentations- und Kulturzentrum Deutscher Sinti und Roma in vielfacher Hinsicht an Projekten (Film, Vortrag, Ausstellung) zum Schicksal der Mulfinger Sintikinder beteiligt und hat den Zugang zu wichtigen Informationsquellen eröffnet.

Von der St. Josefspflege waren behilflich der Heimleiter Johannes Dirnberger und Herbert Boing, die mit den heutigen Heimbewohnern über die NS-Verbrechen reden und mit Gedenkfahrten nach Auschwitz die Erinnerung an die Deportation der Sintikinder von Mulfingen lebendig erhalten. Der Chronist des Heims, Helmut Herrmann, und Frau Hilde Leis waren bei der Recherche vor Ort behilflich.

Grundlegende Informationen verdanken wir alle Johannes Meister, der als Erster über *Die Zigeunerkinder von der St. Josefspflege in Mulfingen* geforscht und geschrieben hat, der die Lehrerin Johanna Nägele befragte und die Arbeit zweier Bad Mergentheimer Gymnasiasten für den Schülerwettbewerb *Deutsche Geschichte* betreute.

Anhang

Brief einer Mutter

Werte Schwester Oberin!

Ich habe Ihr erschütterndes Schreiben erhalten. (. . .)

Eine Mutter konnte an den Kindern nicht anders handeln wie Sie, Fräulein Lehrerin.

Ich möchte Ihnen noch nachträglich danken, dass Sie all den Kindern den Abschied so leicht wie möglich machten in dieser schweren Stunde, wo die allermeisten in ihren Tod fuhren.

Bitte schreiben Sie mir doch, wie benahmen sich meine Kinder, als sie Abschied nehmen mussten. Bitte, bitte, verschweigen Sie mir nichts.

Mir wurde im Mai kurz nach Ihrem Schreiben von der Polizei mündlich mitgeteilt, dass sich meine Kinder in Auschwitz befänden. Ich fragte sie, was wollen Sie denn noch von den armen Kindern? Die Antwort war kurz: vernichten.

Dann wurde ich verwarnt mich ruhig zu verhalten und keine Annäherungsversuche zu unternehmen. Andernfalls musste man mich und mein jüngstes Kind aus der ersten Ehe auch in ein Konzentrationslager überweisen, da wir ja auch nicht arisch seien. (. . .)

Dann ging der Krieg zu Ende und das war meine Rettung.

Von meinen Kindern habe ich nie etwas erfahren können. Jetzt fehlt jede Spur.

Wenn man dann die Berichte über Auschwitz, Belsen und andere KZ liest, dann wundere ich mich oft, dass ich noch nicht in ein Irrenhaus eingeliefert wurde. Ich frage mich oft, warum ließ unser Vater im Himmel dies alles zu? Was taten die armen Kinder denn, die von den Müttern gerissen wurden und dann später von Ihnen, wo sie es gut hatten. Aber trotz allem hoffe ich noch meine Kinder wieder zu finden.

Bitte hoffen und beten Sie mit mir, damit ich endlich Gewissheit habe. Gott stehe mir bei, dass ich auch dieses noch ertrage, wenn für mich auch die furchtbarste Wahrheit offenbar wird. (. . .)

Es grüßt Sie und das Fräulein Lehrerin
Ihre Franziska Kurz

(Die Hoffnung von Franziska Kurz sollte sich nicht erfüllen. In der Nacht zum 3. August 1944 waren ihre Kinder Otto, Sonja und Thomas im Konzentrationslager Auschwitz ermordet worden.)

Der Bericht des Pfarrers

(Auszug aus dem Kirchenbuch des katholischen Pfarramtes Mulfingen 1944)

Der 9. Mai 1944 war wohl der »schwärzeste« Tag, den die St. Josefspflege hier erlebte. Schon längst war das Heim hier sozusagen degradiert, was aber der Leitung des Heimes und dem Erziehungspersonal keine Schwierigkeiten bereitete. Dadurch war die braune Hitlerjugend nicht im Heim vertreten. In der Josefspflege wurden seit längerer Zeit Zigeunerkinder u. Kinder von Zigeunerähnlichen, Hausierern u. dergl. aufgenommen. Arische Kinder kamen in andere Häuser u. Heime. Neben der Verfolgung u. der Vernichtung der Juden traf das Todeslos im Dritten Reich auch die Zigeuner ... Auf jede Weise wurde durch den gehässigen Landesjugendarzt Dr. Eyrich in Stuttgart nach dem Stammbaum der Kinder gefahndet, so wurden im Geheimen aus der Josefspflege 34 Kinder zum Vernichtungstod ausgesucht. Die Aktion trat am 9. Mai in Bewegung. Wenige Tage verkündete der hiesige Landjäger, die Kinder kämen in ein Lager. Am 9. Mai fuhr ein großer Autobus vor, aus dem 3 Gendarmen entstiegen, um die Kinder zu holen. Es war ein Anblick des Erbarmens, wie sie sich im Speisesaal mit ihren wenigen Habseligkeiten alphabetisch aufstellen mussten u. abgelesen wurden, dass ja keines fehlt. Dann ging's ins »Todesauto« hinein, das sie nach

Crailsheim brachte, wo noch mehrere Todgeweihte aus anderen Gegenden auf den betreffenden Zug warteten. Die Schwester Oberin Eytichia begleitete die Kinder bis dorthin, um zu sehen, was mit ihnen geschah. Ihr Eisenbahnwagen war ein dunkles Loch fast ohne Licht und der Weg führte Auschwitz zu, wo sie wohl vergast wurden, denn 3 von ihnen kamen mit dem Leben davon, weil sie altershalber zum Arbeitseinsatz genommen wurden. Ein Trost war es noch für das Haus, dass 6 Kinder in letzter Stunde hier noch auf die Erstkommunion vorbereitet wurden und zwei Tage vor der Abreise hier noch Erstkommunion feierten. Ein Verbrechen, das an unschuldigen Kindern verübt wurde, das wahrlich zum Himmel um Rache schreit.

»Auf Wiedersehen im Himmel!«

Eine andere Geschichte

Auch der damals vierzehnjährige Robert R. und seine elfjährige Schwester Anna aus Pirmasens wurden aus einem katholischen Kinderheim direkt in den Tod entlassen. Über das Ende der Kinder liegt ein erschütterndes Dokument vor. Fünfzehn Jahre danach, am 11. April 1958, »bestätigte« eine Schwester Lydia vom Katholischen Kinderhaus (Nardinihaus) das Verfolgungsschicksal ihrer beiden Schutzbefohlenen:

Bestätigung

Wir bestätigen, dass die Kinder des Herrn Georg R., Robert und Anna, in den Jahren 1936–43 wegen der wirtschaftlichen Notlage ihrer Eltern in unserem Heim untergebracht waren. Sie waren sehr intelligente und charakterlich wertvolle Kinder, aufgeschlossen und empfangsbereit für alles Gute. Wir haben von diesen Kindern erzieherlich viel Freude erlebt. Die Eltern besuchten sie oft und beeinflussten sie nur gut.

Robert war so begabt, dass er zweimal eine Klasse überspringen durfte. Vor seiner Schulentlassung bemühten wir uns um eine Autoschlosserlehrstelle für ihn; an diesem Berufe hatte er besonderen Spaß.

Mitte März 1943 erhielten wir vom Bezirksjugendamt

Pirmasens schriftliche Weisung, wir sollten beide Kinder ... ab sofort auf die Straße stellen ... und ihnen sagen, sie sollten wieder zur Imsbacher Mühle gehen, wo ihre Eltern wohnten. Wir traten daraufhin persönlich mit dem Jugendamt in Verbindung, da wir dem Vorhaben nicht zustimmen konnten. Wir erfuhren dort, es sei ein Befehl aus Berlin. Wenn die Kinder nicht herausgegeben werden, musste die Polizei einschreiten. Wir brachten die Kinder, die sich schriftlich verpflichten mussten nicht mehr den Stadtbezirk zu betreten, selbst zu ihren Eltern (und ihren Geschwistern).

Nach 14 Tagen kam Robert noch einmal trotz des Polizeiverbotes in unser Heim und berichtete, dass er von einem Zigeuner, der dem Konzentrationslager entkommen war, erfahren habe, was ihm und seiner Familie bevorstehen würde: planmäßiger Tod. Seinen Eltern und Geschwistern hatte es Robert nicht mitgeteilt. Er fragte uns um Rat, ob er über die Grenze fliehen solle. Wir rieten ihm ab, da er noch zu jung wäre, er möge bei seinen Eltern bleiben.

Kaum war er eine Stunde von uns fortgegangen, telefonierte er von der Imsbacher Mühle aus, dass in der Zeit seiner Abwesenheit seine Eltern und Geschwister polizeilich abgeführt worden seien. Er wolle sich nun in dieser Nacht das Leben nehmen, bevor es ihm andere ohne Grund nähmen. Wir baten ihn dies nicht zu tun und dass er nach seinen Eltern fragen solle. Nach 3 Tagen erhielten wir eine Postkarte von Robert mit dem wörtlichen Inhalt:

»Ich habe meine Eltern und Geschwister wieder gefunden. Wir sind auf dem Transport in das Konzentrationslager. Ich weiß, was uns bevorsteht, meine Eltern wissen es nicht. Ich habe mich nun innerlich so weit durchgerungen, dass ich auch den Tod ertragen werde. Ich danke noch einmal für alles Gute, das Sie mir erwiesen. Grüße an alle Kameraden. Auf Wiedersehen im Himmel! Euer Robert.«

Erst 1947 erfuhren wir von Ottilie R., der Schwester Roberts, die 1945 aus dem Lager Auschwitz entlassen wurde, dass die beiden schuldlosen Kinder Robert und Anna sowie ihre schuldlosen Eltern noch 1943 im Lager Auschwitz vergast worden waren.

Wir bestätigen also, dass schuldlose Kinder, weil sie einer bestimmten Menschenrasse angehörten, grausamem Schicksal ausgeliefert worden sind.

Im Auftrage,
gezeichnet Schwester Lydia.

Sinti auf der Flucht
Diese Fotos machten die nationalsozialistischen Verfolger.

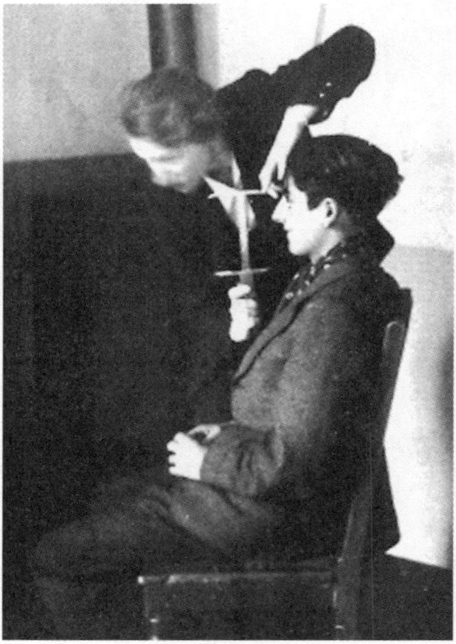

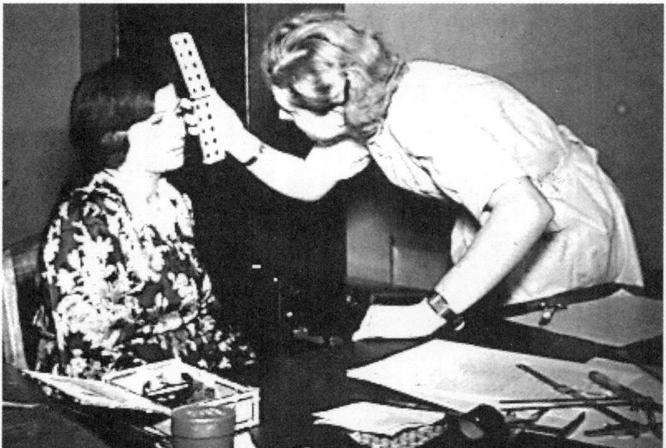

»Rassenforschung«: Wie hier von Eva Justin und Robert Ritter wurden insgesamt 24 000 Sinti und Roma zur Vorbereitung des Völkermordes erfasst.

Nr.	Familienname	Vorname	Geburtsdatum
1.	Stirnhöhe		1 2✓ 3
2.	Stirnneigung		1 2✓ 3
3.	Einziehung der Nasenwurzel gegen die Stirn		1✓ 2 3
4.	Nasenrücken im Profil		1 2 3✓
5.	Stirnwölbung		1 2✓ 3
6.	Wangenbeinbetonung		1 2✓ 3
7.	Höhe der Hautoberlippe im Profil		1 2✓ 3
8.	Profil der Hautoberlippe		1✓ 2
9.	Neigung der Hautoberlippe im Profil		1 2✓ 3 4 5
10.	Dicke der Schleimhautoberlippe (von vorne)		1 2✓ 3
11.	Philtrumeinschnitt		1 2 3✓
12.	Begrenzung der Schleimhautunterlippe		1 2✓ 3
13.	Dicke der Schleimhautunterlippe (von vorne)		1 2 3
14.	Form der Seitenteile der Schleimhautunterlippe		1 2 3
15.	Nasenflügelunterrand		1 2 3
16.	Höhe des Nasenflügelansatzes im Vergleich zum Septum		1 2 3
17.	Nasenflügelansatz im Vergl. zum Hautoberlippenprofil		1 2 3
18.	Nasenseptum im Profil		1 2
19.	Nasenspitze von vorne		1 2 3
20.	Nasenspitze im Profil		1 2 3
21.	Nasenwurzel von vorne		1 2 3
22.	Nasenwurzel im Profil im Vergleich zum Augapfel		1 2 3
23.	Septum-Lippen-Profilwinkel		1 2
24.	Rundung des Septum-Lippen-Profilwinkels		1 2
25.	Form der Mundspalte		1 2 3 4
26.	Verlauf des Mundwinkels		1 2 3
27.	Neigung der Hautunterlippe im Profil		1 2 3
28.	Tiefe der Mentolabialfurche im Profil		1 2 3
29.	Höhe der Hautunterlippe im Profil		1 2 3
30.	Verlauf der Hautunterlippe im Profil		1 2

Auf solchen Formularen wurden die »Forschungsergebnisse« festgehalten.

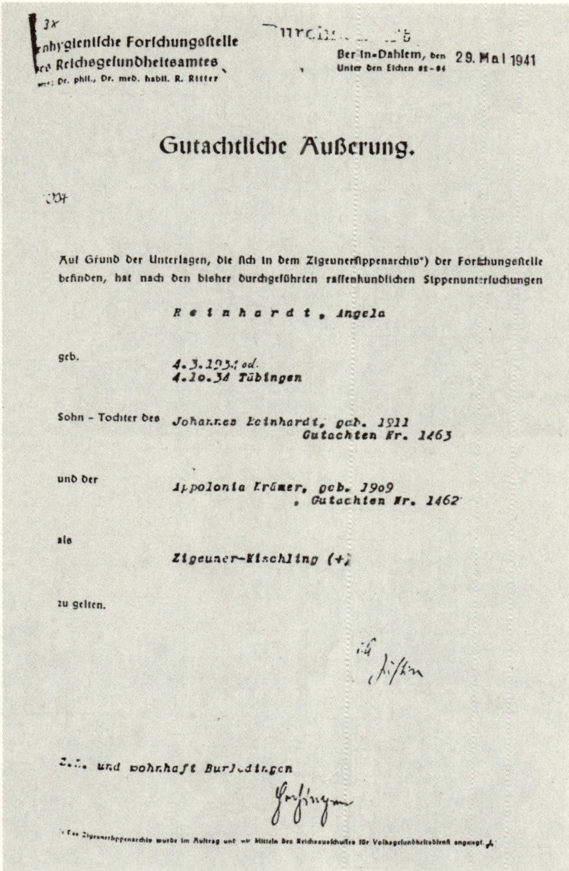

3x

…hygienische Forschungsstelle
…Reichsgesundheitsamtes
…: Dr. phil., Dr. med. habil. R. Ritter

Berlin-Dahlem, den 29. Mai 1941
Unter den Eichen 82–84

Gutachtliche Äußerung.

Auf Grund der Unterlagen, die sich in dem Zigeunersippenarchiv*) der Forschungsstelle befinden, hat nach den bisher durchgeführten rassenkundlichen Sippenuntersuchungen

R e i n h a r d t , Angela

geb. 4.3.1935 od. 4.10.34 Tübingen

Sohn – Tochter des Johannes Reinhardt, geb. 1911 Gutachten Nr. 1463

und der Appolonia Krämer, geb. 1909 Gutachten Nr. 1462

als

Zigeuner-Mischling (+)

zu gelten.

…und wohnhaft Burladingen

*) Das Zigeunersippenarchiv wurde im Auftrag und mit Mitteln des Reichsausschusses für Volksgesundheitsdienst angelegt.

Das »Rassengutachten« der Angela Reinhardt
Diese »gutachtlichen Äußerungen« entschieden über Sterilisation, Deportation und Tod. Nahezu alle diese Gutachten beruhen auf willkürlichen Angaben, Irrtümern oder Verwechslungen. Hier zum Beispiel sind beide angegebenen Geburtsdaten der Mutter und der Name des Vaters falsch. Außerdem war Appolonia Krämer nicht Angelas leibliche Mutter.

Die »Rassenforscher« beobachten und fotografieren.

Nach dem Krieg setzte Dr. Robert Ritter seine Karriere als Leiter der Fürsorgestelle für Gemüts- und Nervenkranke unbehelligt fort. Dr. Eva Justin arbeitete als Jugendpsychologin der Stadt Frankfurt weiterhin an seiner Seite.

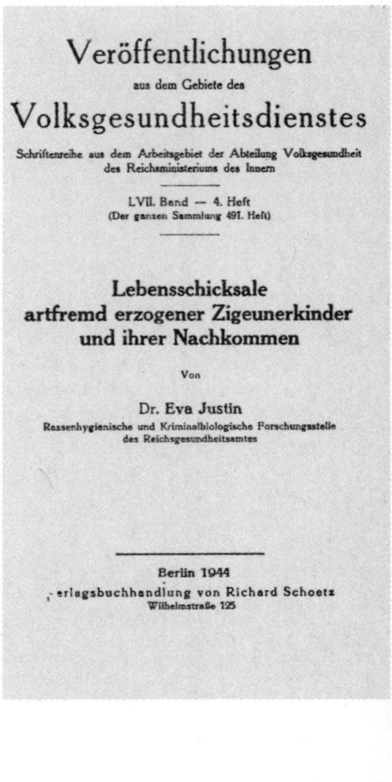

Veröffentlichungen

aus dem Gebiete des

Volksgesundheitsdienstes

Schriftenreihe aus dem Arbeitsgebiet der Abteilung Volksgesundheit des Reichsministeriums des Innern

LVII. Band — 4. Heft
(Der ganzen Sammlung 491. Heft)

Lebensschicksale artfremd erzogener Zigeunerkinder und ihrer Nachkommen

Von

Dr. Eva Justin
Rassenhygienische und Kriminalbiologische Forschungsstelle des Reichsgesundheitsamtes

Berlin 1944
erlagsbuchhandlung von Richard Schoetz
Wilhelmstraße 125

Eine Doktorarbeit wird zur Mordwaffe: Die Untersuchungen der Krankenschwester Eva Justin in Mulfingen dienen als Rechtfertigung für den NS-Völkermord und sichern ihr den Doktorhut.

Leistungskartoffellesen.

Eimerzahl	Abstammung, vgl. S. 36	Ausdauer
	Mädchen	
55	16jähr. ZM + (Dudela)	stand zuerst beiseite, dann fing sie an und war gleichbleibend flink; sehr geschmeidig
27	12jähr. ZM + (Maila)	
je 25	16jähr. MZ und 14jähr. Deutsche	von Anfang an eifrig und ordentlich gearbeitet
25	10jähr. Jenische	stand erst zur Seite, dann aber sehr eifrig
22	9jähr. ZM −	wechselnd fleißig
je 22	10jähr. ZM + und 8jähr. ZM +	stetig, fleißig
je 19	13jähr. Deutsche und 12jähr. Jenische	von Anfang an fleißig
je 18	15jähr. Jenische und 13jähr. Jenische	
18	8jähr. ZM +	von Anfang an fleißig, auffallend ehrlich
je 11	8jähr. Jenische und 7jähr. ZM + (Gustela)	von Anfang an fleißig und flink, etwas oberflächlich
8	8jähr. ZM +	sehr wechselnd
7	7jähr. ZM +	sehr wechselnd, lahm
	Knaben	
je 44	14jähr. Jenischer und 13jähr. Deutscher	stetig
je 40	14jähr. ZM + und 14jähr. Jenischer	vorwiegend stetig
36?	12jähr. ZM −	wechselnd
je 36?	13jähr. ZM + (Jani) und 13jähr. Jenischer	
je 24	12jähr. Deutscher und 9jähr. ZM +	
15	11jähr. ZM + (Buberli)	
12	11jähr. Jenischer	
12	14jähr. ZM + (Kajetan!)	

Selbst in der Tabelle über das als Test durchgeführte »Leistungskartoffellesen« wurden die Zigeunermischlinge in die Gruppen ZM+ (vorwiegend zigeunerischer Blutsanteil) eingeteilt.

oben: Die Heilige St. Josefspflege in Mulfingen
unten: Heimkinder im Unterricht

Die St.-Anna-Kapelle

Angela Reinhardt im weißen Kleid neben der Schwester und die anderen Kinder der St. Josefspflege

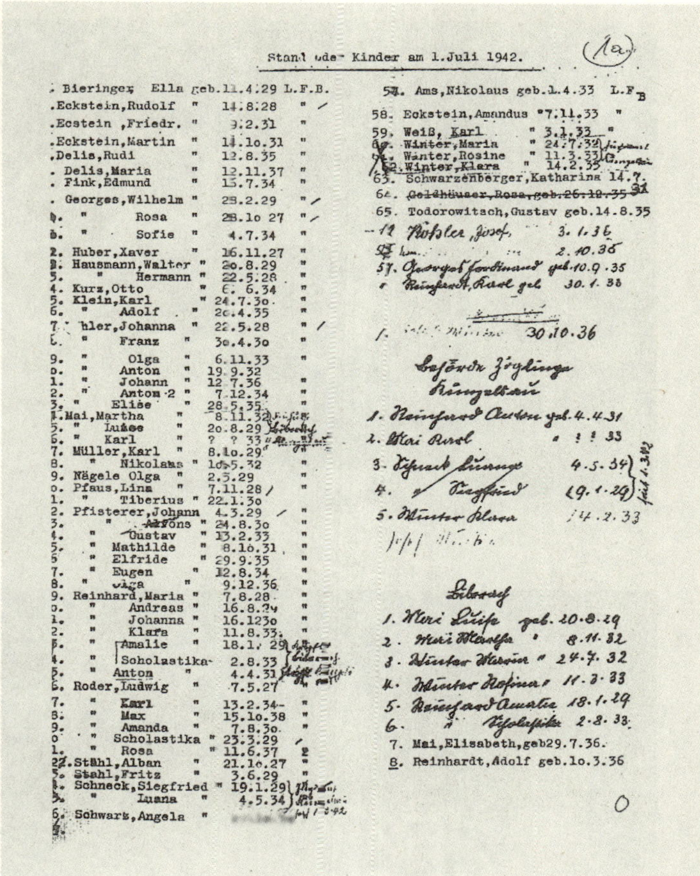

Stand der Kinder am 1.Juli 1942. (1a)

. Bieringer, Ella geb.11.4.29 L.F.B.
.Eckstein,Rudolf " 14.8.28 "
.Ecstein ,Friedr. " 9.2.31 "
.Eckstein,Martin " 14.10.31 "
.Delis,Rudi " 12.8.35 "
. Delis,Maria " 12.11.37 "
. Fink,Edmund " 15.7.34 "
. Georges,Wilhelm " 28.2.29 "
" Rosa " 28.10 27 "
" Sofie " 4.7.34 "
Huber,Xaver " 16.11.27 "
Hausmann,Walter " 20.8.29 "
" Hermann " 22.5.28 "
Kurz,Otto " 6. 6.34 "
Klein,Karl " 24.7.30 "
" Adolf " 20.4.35 "
hler,Johanna " 22.5.28 "
" Franz " 30.4.30 "
" Olga " 6.11.33 "
" Anton " 19.9.32
" Johann " 12.7.36 "
" Antom 2 " 7.12.34 "
" Elise " 28.5.35
Mai,Martha " 8.11.32
" Luise " 20.8.29
" Karl " ? ? 33
Müller,Karl " 8.10.29
" Nikolaus " 10.5.32 "
Nägele Olga " 2.5.29 "
Pfaus,Lina " 7.11.28 "
" Tiberius " 22.1.30
Pfisterer,Johann 4.3.29 "
" Alfons " 24.8.30 "
" Gustav " 13.2.33 "
" Mathilde " 8.10.31 "
" Elfride " 29.9.35 "
" Eugen " 12.8.34 "
" Olga " 9.12.36 "
Reinhard,Maria " 7.8.28 "
" Andreas " 16.8.24 "
" Johanna " 16.12.30 "
" Klara " 11.8.33 "
" Amalie " 18.1.29
" Scholastika 2.8.33
" Anton " 4.4.31
Roder,Ludwig " 7.5.27
" Karl " 13.2.34 "
" Max " 15.10.38 "
" Amanda " 7.8.30 "
" Scholastika " 23.3.29
" Rosa " 11.6.37
Stahl,Alban " 21.10.27 "
Stahl,Fritz " 3.6.29 "
Schneck,Siegfried " 19.1.29
" Luana " 4.5.34
Schwarz,Angela "

57. Ams,Nikolaus geb.1.4.33 L.F.B
58. Eckstein,Amandus "7.11.33 "
59. Weiß, Karl " 3.1.33 "
~~60. Winter,Maria " 24.7.32~~
~~61. Winter,Rosine " 11.3.33~~
~~62. Winter,Klara " 14.2.33~~
63. Schwarzenberger,Katharina 14.7.31
~~64. Goldhäuser,Rosa,geb.26.12.35~~
65. Todorowitsch,Gustav geb.14.8.35
Köhler, Josef 3.1.36
2.10.35
57. Georges Ferdinand geb.10.9.35
Reinhardt, Karl geb. 30.1.35
30.10.36

Beförderte Zöglinge
Rungelsau
1. Reinhard Anton geb.4.4.31
2. Mai Karl
3. Schneck Siegfried 4.5.34
4. Siegfried 19.1.29
5. Winter Klara 14.2.33

Lebendig
1. Mai Luise geb. 20.8.29
2. Mai Martha 8.11.32
3. Winter Maria 24.7.32
4. Winter Rosina 11.3.33
5. Reinhard Amalie 18.1.29
6. Scholastika 2.8.33
7. Mai,Elisabeth,geb29.7.36.
8. Reinhardt,Adolf geb.10.3.36

Die Liste der St. Josefspflege
Angela Reinhardt ist (unten links) als »Angela Schwarz« registriert.

Beim Schulausflug

oben: Am Tag der Schulentlassung
unten: Waltraud Köhler

Erstkommunionstag

Formular der Hafteinweisung von »Zigeunermischlingen«:

Staatliche Kriminalpolizei
Kriminalpolizei(leit)stelle , *am*

Tgb. Nr.

1. *Auf Grund des Befehls des Reichsführers-SS vom 16. 12. 1942 wird der nachstehend genannte Zigeunermischling in das Zigeunerlager (KL. Auschwitz) überführt:*

   Zuname:

   (bei Frauen Geburtsname):

   Vorname:

   Zigeunername:

   Geburtszeit: *Geburtsort:*

   Letzter Aufenthaltsort:

   Bei Minderjährigen Personalien

   des Vaters:

   der Mutter:

   Abdruck des rechten Zeigefingers des Häftlings:

2. *Mit 2 Anlagen*
   an die Kommandantur des Konzentrationslagers Auschwitz

I. A. ______________________

Konzentrationslager Auschwitz
– Kommandantur – *Auschwitz am*

1. *Der vorstehend bezeichnete Zigeunermischling wurde heute hier übernommen. Der Einweisungsantrag der obengenannten KP(L)-Stelle wurde entnommen.*
2. *Mit 1 Karteikarte*
   an das Reichskriminalpolizeiamt
   – Reichszentrale zur Bekämpfung des Zigeunerunwesens –

Berlin C 2
Werderscher Markt 56

I. A.

Bürokratische Gründlichkeit: Mit diesem Formular bereiteten die Stuttgarter Kriminalkommissare in der St. Josefspflege die Einweisung von 39 Kindern in das Konzentrationslager Auschwitz vor. Jedes Kind musste seinen rechten Zeigefinger erst auf ein Stempelkissen und dann in das vorgesehene Feld des Formulars drücken.

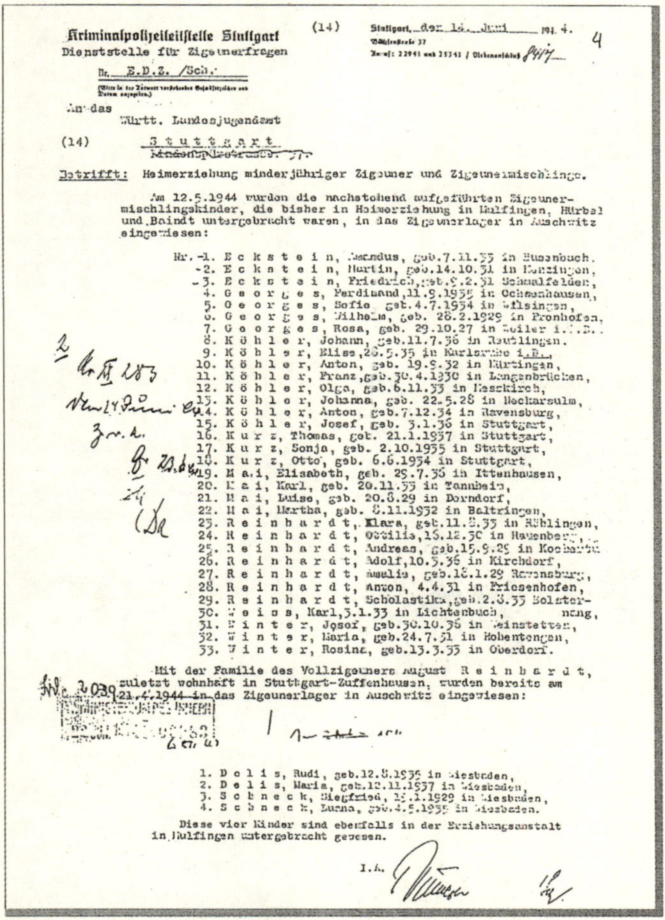

Kriminalpolizeileitstelle Stuttgart (14) Stuttgart, den 14. Juni 1944.

Dienststelle für Zigeunerfragen

Nr. E.D.Z. /Sch.

An das

Württ. Landesjugendamt

(14) S t u t t g a r t

Betrifft: Heimerziehung minderjähriger Zigeuner und Zigeunermischlinge.

Am 12.5.1944 wurden die nachstehend aufgeführten Zigeunermischlingskinder, die bisher in Heimerziehung in Mulfingen, Hürbel und Baindt untergebracht waren, in das Zigeunerlager in Auschwitz eingewiesen:

Nr. 1. E c k s t e i n, Amandus, geb. 7.11.33 in Bussenbuch,
2. E c k s t e i n, Martin, geb. 14.10.31 in Kenzingen,
3. E c k s t e i n, Friedrich, geb. 9.2.31 Schmalfelden,
4. G e o r g e s, Ferdinand, 11.9.1935 in Ochsenhausen,
5. G e o r g e s, Sofie geb. 4.7.1934 in Wilsingen,
6. G e o r g e s, Wilhelm, geb. 28.2.1929 in Pronhofen,
7. G e o r g e s, Rosa, geb. 29.10.27 in Weiler i.A.B.,
8. K ö h l e r, Johann, geb. 11.7.36 in Reutlingen,
9. K ö h l e r, Elise, 26.5.35 in Karlsruhe i.B.,
10. K ö h l e r, Anton, geb. 19.9.32 in Nürtingen,
11. K ö h l e r, Franz, geb. 30.4.1930 in Langenbrücken,
12. K ö h l e r, Olga, geb. 6.11.33 in Messkirch,
13. K ö h l e r, Johanna, geb. 22.5.28 in Neckarsulm,
14. K ö h l e r, Anton, geb. 7.12.34 in Ravensburg,
15. K ö h l e r, Josef, geb. 3.1.36 in Stuttgart,
16. K u r z, Thomas, geb. 21.1.1937 in Stuttgart,
17. K u r z, Sonja, geb. 2.10.1935 in Stuttgart,
18. K u r z, Otto, geb. 6.6.1934 in Stuttgart,
19. M a i, Elisabeth, geb. 29.7.35 in Ittenhausen,
20. M a i, Karl, geb. 20.11.33 in Tannheim,
21. M a i, Luise, geb. 20.8.29 in Dorndorf,
22. M a i, Martha, geb. 8.11.1932 in Baltringen,
23. R e i n h a r d t, Klara, geb. 11.8.33 in Rühlingen,
24. R e i n h a r d t, Ottilie, 16.12.30 in Ravensburg,
25. R e i n h a r d t, Andreas, geb. 15.9.29 in Kocherturn,
26. R e i n h a r d t, Adolf, 10.5.36 in Kirchdorf,
27. R e i n h a r d t, Amelie, geb. 18.1.29 Ravensburg,
28. R e i n h a r d t, Anton, 4.4.31 in Friesenhofen,
29. R e i n h a r d t, Scholastika, geb. 2.8.33 Bolsternang,
30. W e i s s, Karl, 3.1.33 in Lichtenbuch,
31. W i n t e r, Josef, geb. 30.10.35 in Weinstetten,
32. W i n t e r, Maria, geb. 24.7.31 in Hobentongen,
33. W i n t e r, Rosina, geb. 13.3.33 in Oberdorf.

Mit der Familie des Vollzigeuners August R e i n h a r d t, zuletzt wohnhaft in Stuttgart-Zuffenhausen, wurden bereits am 21.4.1944 in das Zigeunerlager in Auschwitz eingewiesen:

1. D e l i s, Rudi, geb. 12.8.1935 in Wiesbaden,
2. D e l i s, Maria, geb. 12.11.1937 in Wiesbaden,
3. S c h n e c k, Siegfried, 15.1.1929 in Wiesbaden,
4. S c h n e c k, Luana, geb. 4.5.1935 in Wiesbaden.

Diese vier Kinder sind ebenfalls in der Erziehungsanstalt in Mulfingen untergebracht gewesen.

I.A.

Am 12. Mai 1944 kamen die Mulfinger Sintikinder in Auschwitz an. Dies ist die Deportationsliste der Stuttgarter »Dienststelle für Zigeunerfragen«.

Versuchsobjekte der
»Rassenforscher«: Sintikinder
aus Mulfingen

oben: Johanna Köhler
unten: Die Geschwister Mai am Grab ihres verstorbenen Bruders Franz

Patrizka und Wilhelm Georges

Schulbezirk Öhringen

Schulgemeinde Mulfingen

Schulanstalt Erz. Heim St. Josefspflege

Klasse Unterklasse

Schülerverzeichnis

auf Schuljahrschluß 1943/44

z. Z.

Schulleiter:

Klassenlehrer: Johanna Nägele

Fachlehrer(innen):

Verzeichnis der Z. Kinder, die am 9.5.1944 nach Auschwitz eingewiesen wurden!

Summe (mit Erlaubnis / mit Berechtigung wegen Krankheit oder schlechter Witterung oder Verschickung i. Erholungsfürsorge / ungerechtfertigt / zusammen)	Summe (mit Erlaubnis / mit Berechtigung wegen Krankheit oder schlechter Witterung oder Verschickung i. Erholungsfürsorge / ungerechtfertigt / zusammen)	Summe (mit Erlaubnis / mit Berechtigung wegen Krankheit oder schlechter Witterung oder Verschickung i. Erholungsfürsorge / ungerechtfertigt / zusammen)	Summe (mit Erlaubnis / mit Berechtigung wegen Krankheit oder schlechter Witterung oder Verschickung i. Erholungsfürsorge / ungerechtfertigt / zusammen)	Summe (mit Erlaubnis / mit Berechtigung wegen Krankheit oder schlechter Witterung oder Verschickung i. Erholungsfürsorge / ungerechtfertigt / zusammen)
Am 9.5.1944 eingewiesen nach Auschwitz 0 2 0 2	0 0 - 0	Am 9.V.1944 eingewiesen nach Auschwitz 0 0 - 0	Am 9. Mai eingewiesen nach Auschwitz 0 - 0 0	Am 20.I.1944 eingewiesen nach Auschwitz 0 0 - 0
Am 9.V.1944 eingewiesen nach Auschwitz 0 0 0	Am 9.V.1944 eingewiesen nach Auschwitz 0 - 0	Am 9.V.1944 eingewiesen nach Auschwitz 0 1 1	Am 9.V.1944 eingewiesen nach Auschwitz 0 0	Am 9.V.1944 eingewiesen nach Auschwitz 0 - 0
	Am 9.V.1944 eingewiesen nach Auschwitz 0 - 0	Am 9.V.1944 eingewiesen nach Auschwitz 0 0	Am 9.V.1944 eingewiesen nach Auschwitz 0 - 0	Am 9.V.1944 eingewiesen nach Auschwitz - 0
0 0 0 0	0 0 - 0	Am 20.I.1944 eingewiesen nach Auschwitz 0 0 0	Am 9.V.1944 eingewiesen nach Auschwitz 0 0	Am 9.V.1944 eingewiesen nach Auschwitz 5 - 5
Am 9.V.1944 eingewiesen nach Auschwitz 0 0 0	0 0 - 0	0 2 - 2	0 - 0 0	~~Am 9.V.1944 eingewiesen nach Auschwitz~~
	Am [illegible].I.1944		Am 14. Juni 194.	

Auszug aus dem Schülerverzeichnis
Neununddreißig Mal schrieb die Lehrerin: »eingewiesen nach Auschwitz«.

Literatur

Anita Awosusi, Zigeunerbilder in der Kinder- und Jugendliteratur, Heidelberg 2000

Edgar Bamberger, Annegret Ehmann (Hrsg.), Kinder und Jugendliche als Opfer des Holocaust, Heidelberg 1995

Reimar Gilsenbach, Wie Lolitschai zur Doktorwürde kam, in: Feinderklärung und Prävention, Rotbuch Verlag, Berlin 1988

Erich Hackl, Abschied von Sidonie, Erzählung, Zürich 1989

Michail Krausnick, »Da wollten wir frei sein!« Eine Sintifamilie erzählt, Weinheim 1983

Michail Krausnick, »Wo sind sie hingekommen?« – Der unterschlagene Völkermord an Sinti und Roma, Gedingen 1995

Johannes Meister, Die »Zigeunerkinder« von der St. Josefspflege in Mulfingen, in: 1999, Zeitschrift für Sozialgeschichte des 20. und 21. Jahrhunderts, Hamburg 1987

Lolo Reinhardt, Überwintern – Jugenderinnerungen eines schwäbischen Zigeuners, hrsg. von Monika Döppert, Gerlingen 1999

Romani Rose (Hrsg.), »Den Rauch hatten wir täglich vor Augen« – Der nationalsozialistische Völkermord an den Sinti und Roma, Heidelberg 1999

Anja Tuckermann, Muscha, München 1994

Wolfgang Wippermann, Geschichte der Sinti und Roma in Deutschland, Darstellung und Dokumente, Berlin 1993

Wolfgang Wippermann, Wie die Zigeuner – Antisemitismus und Antiziganismus im Vergleich, Berlin 1997

Video

»Auf Wiedersehen im Himmel!« – Die Sintikinder von der St. Josefspflege, ein Film des Dokumentations- und Kulturzentrums Deutscher Sinti und Roma in Zusammenarbeit mit dem Südwestfunk; Konzeption u. Regie: Michail Krausnick, Romani Rose; Technische Realisation: Medienwerkstatt Franken, Nürnberg. Länge: 40 min.

Eine VHS-Kassette kann zum Preis von € 23,– bestellt werden bei:

Dokumentations- und Kulturzentrum Deutscher Sinti und Roma, Bremeneckgasse 2, 69117 Heidelberg

Tilman Röhrig

In 300 Jahren vielleicht

Hunger, Elend und Furcht bestimmen das Leben in Eggenbusch im Jahre 1641. Nur wenige Menschen können sich noch an die Zeit vor dem Krieg erinnern. Gegen die Not, den Krieg mit seinen plündernden Soldatenhorden und die Angst vor der Pest setzt der 15-jährige Jockel seine Liebe zu Katharina und die Hoffnung, dass irgendwann wieder Friede sein wird: in dreihundert Jahren vielleicht.